DIE DEUTSCHE WEINSTRASSE

terra magica®

Christian Prager • Thomas Deuschle

DIE DEUTSCHE WEINSTRASSE

terra magica

INHALT

ÜPPIG TISCHT DIE NATUR HIER AUF 5

Die Geschichte der Pfalz –
warum halten die Pfälzer so zusammen? 7

Versteh einer den Pfälzer –
»in de Palz geht de Parre mit de Peif in die Kerch« 9

Der Frühling an der Weinstraße –
einer muss ja der Erste sein 10

Der Sommer an der Weinstraße –
die Ferienregion der prallen Genüsse 11

Der Herbst an der Weinstraße –
die Konkurrenz zum kanadischen Indian Summer 12

Der Winter an der Weinstraße –
Väterchen Frost und besinnliche Zeit 13

Wohlgefüllte Teller – ein guter Saumagen ist besser
als ein schlechtes Chateaubriand 14

Mit dem Reisemobil entlang der Deutschen Weinstraße –
wohl dem, der's Wohnzimmer stets dabei hat 17

DER WEIN –
DIE KARRIERE IST NOCH LANGE NICHT BEENDET 18

Die Weißen der Pfalz –
ohne die Weißen wäre die Pfalz grau 21

Die Roten der Weinstraße –
raus aus dem Schatten, rauf auf die Bühne! 30

REISEBEGINN IM SÜDEN –
VON SCHWEIGEN-RECHTENBACH BIS KLINGENMÜNSTER . . 34

Das Deutsche Weintor –
gallischer Hahn trifft deutschen Adler 34

Schweigen-Rechtenbach 35

Bad Bergzabern – das kleine Verführerstädtchen 38

Das Bad Bergzaberner Land –
zwanzig romantische Dörfer in malerischer Landschaft 42

IN UND UM LANDAU IN DER PFALZ 50

Landau-Stadt – die charmante Urlaubsverführerin 50

Landau-Land – die Urlaubsinsel im Meer der Reben 56

Herxheim und drum herum –
wo Wein und Tabak konkurrieren 70

Verbandsgemeinde Offenbach-Queich –
wo Adebar Ferien macht 72

VOM TRIFELSLAND NACH MAIKAMMER 74

Ein kleiner Abstecher ins
Biosphärenreservat Pfälzer Wald 74

Das Land um Edenkoben –
die schönste Quadratmeile des Reiches 82

Rund um die Verbandsgemeinde Maikammer –
verträumte Winkel am Fuße der Kalmit 93

WEINFAHRTEN VON NEUSTADT NACH BAD DÜRKHEIM 96

Neustadt an der Weinstraße –
die heimliche Weinhauptstadt Deutschlands 96

Die Weindörfer rund um Neustadt an der Weinstraße 100

Deidesheim – das etwas andere Paradies 104

Region Wachenheim – Lust auf mehr im Rebenmeer 110

Bad Dürkheim – schlückchenweise Lebensfreude pur 118

VON FREINSHEIM INS LEININGERLAND 124

Urlaubsregion Freinsheim –
Geschichte, Wein und Obst im Überfluss 124

Das Leiningerland – Pfälzer Weinkultur pur 131

Panoramakarte, Winzergenossenschaften 142

Mandelblüte an der Südlichen Weinstraße

ÜPPIG TISCHT DIE NATUR HIER AUF

Die Touristikroute Deutsche Weinstraße liegt in der Pfalz. Sie erstreckt sich über etwa 80 Kilometer von Schweigen im Süden bis Bockenheim im Norden. Im Osten ist sie durch die Oberrheinische Tiefebene und im Westen durch die Ausläufer des Pfälzer Waldes begrenzt. Im Jahre 1935 wurden die beiden Landschaften Mittelhaardt-Deutsche Weinstraße und die Südliche Weinstraße in die Ferienregion Deutsche Weinstraße zusammengefasst.

Soweit die sachliche Erklärung. Aber was sagen schon dürre Worte? Die ganze Wahrheit ist, dass die Deutsche Weinstraße eine der reizvollsten Ecken Deutschlands ist und dass sie dem Besucher Genüsse bietet für alle Sinne. Für alle, also nicht nur für die Geschmackszäpfchen der Zunge, wofür sie ja landläufig bekannt ist. Nein, wer zum Beispiel einmal in der Zeit der Obstblüte auf den Trekkingrouten der Weinstraße wanderte, wird die Reize auf der Netzhaut der Augen und an den Geruchsrezeptoren der Nase niemals vergessen.

Sicher, die Sonne scheint auch sonst in Deutschland, aber nirgendwo so häufig wie an der Weinstraße. Es liegen nämlich jährlich mehr als 1.800 Sonnenstunden drin. So verwundert es nicht, dass bereits die Römer vor zwei Jahrtausenden die Pfalz für den Weinanbau nutzten. Auch sonst tischt die Natur hier üppig auf. Neben Wein gedeihen Obst, Gemüse und sogar Südfrüchte wie Feigen oder Kiwis. Der Herrgott muss es gut gemeint haben mit den Menschen hier. Kein Wunder, dass viele Pfälzer der festen Überzeugung sind, im ehemaligen Paradies zu leben.

Einladung in Forst

An der Weinstraße ist gut sein – dies bemerkt der fremde Gast unmittelbar, wenn er eine der zahlreichen Weinstuben in den verträumten Dörfern entlang der Deutschen Weinstraße betritt. Er wird dort von den bereits anwesenden Einheimischen meist herzlich begrüßt. Seit Generationen lebt diese Region von Gästen, die Naherholung suchen. Die Großstädte Karlsruhe, Heidelberg, Mannheim und Kaiserslautern sind nur etwa eine halbe Fahrstunde von der Weinstraße entfernt, die Stuttgarter, Frankfurter, Wiesbadener und Saarbrücker benötigen zwischen einer und zwei Stunden bis zur Pfälzer Gastlichkeit. Wer in der Stuttgarter Königstraße ein Viertele Württemberger Wein bestellt, bezahlt mehr als der Weingenießer in der Bergzaberner Königstraße für seinen Schoppen. Man bemerke bei dieser Gelegenheit: Ein Schoppen an der Weinstraße misst einen halben Liter, wer einen Viertelliter Wein genießen möchte, bestelle einen *Halben*. Wem es jetzt nur nach einem Achtelliter wäre, bestelle ein *Piffchen*, er läuft jedoch dabei Gefahr vom Wirt zu hören, dass man doch bitte wiederkommen möge, wenn sich richtiger Durst einstelle.

Wohlfeil sind auch die Schmankerln der Pfälzer Küche. Keine Frage, der Gast erhält in dieser Region mehr für sein Geld als andernorts. Deshalb allein lohnt es sich schon an die Deutsche Weinstraße zu fahren. Bezahlbare Gaumengenüsse sind jedoch nur einer der vielen Gründe, sich für diese Destination zu entscheiden. Die Weinstraße bietet jedem eine Menge, sei es nur für einen Tagesausflug, einen Wochenendtrip oder gar für einen ganzen Urlaub.

Was macht nun den Reiz dieses bezaubernden Landstriches aus? Sind es die wogenden Weinberge, die bereits im Frühjahr einen saftigen Ertrag im Herbst versprechen? Sind es die Buckel des Pfälzer Waldes, der sich mit seinen hohen Buchen und Eichen im Westen an die Weinstraße anschließt? Sind es die kleinen Dörfer, bestückt mit Fachwerkhäusern und Kirchen aus heimischem Buntsandstein, die sich zwischen Reben und satten Wiesen schmiegen? Könnte es an den erhabenen Burgruinen liegen, die majestätisch an den Berghängen über das Weinland blicken? Oder ist es der hiesige offene Menschenschlag der sich mit südlicher Lebensart nicht aus der Ruhe bringen lässt? Wer hier eine Antwort finden möchte, wird auf der Suche danach viel Spaß und Freude haben. Die Deutsche Weinstraße ist nicht nur einmal einen Besuch wert. Immer und immer wieder wird man sich inmitten dieser mediterran anmutenden Landschaften wohl fühlen. Oder andersherum formuliert: Die Weinstraße macht süchtig! Süchtig nach unbeschwerter Plauderei mit den Einwohnern, nach Urlaubstagen, die schnelle Erholung bieten, nach der herzlichen und ansteckenden Pfälzer Gastlichkeit, den köstlichen Weinen oder den typischen Pfälzer Schmankerln.

DIE GESCHICHTE DER PFALZ – WARUM HALTEN DIE PFÄLZER SO ZUSAMMEN?

Die Pfalz hat als deutsches Grenzgebiet Jahrhunderte hindurch immer wieder Heimsuchungen durch Kriege erfahren, was wohl auch zu dem engen Zusammenhalt der Pfälzer geführt hat. In der Region der heutigen Pfalz lebten vor Christi Geburt die germanischen Vangionen. Nach der Eroberung durch Cäsars Legionen bildeten die linksrheinischen Gebiete einen Teil der römischen Provinz Germania superior. Der Name Pfalz ist abgeleitet vom römischen Palasthügel *Palatin*. Alemannen besetzten die Pfalz in der Völkerwanderung nur für kurze Zeit, denn sie wurden 496 von den Franken verdrängt.

Unter den Merowingerkönigen wurde das Herzogtum Westfranken errichtet. Es gab vier Pfalzgrafen, die direkt dem Merowingerkönig unterstanden und für alle Angelegenheiten einer Pfalz verantwortlich waren. Mit der Zeit verlor sich die Bedeutung dieses Amtes, aber es blieb bei dem melodischen Titel *Pfalzgrafen bei Rhein* (comes palatinus Rheni). 1214 übertrug König Friedrich II.(ab 1220 Kaiser) die Pfalz an Herzog Ludwig I. von Bayern. Dessen Sohn Otto II. erwarb dank Heirat mit der welfischen Erbtochter Agnes auch den Titel und die Besitzungen der Pfalzgrafen bei Rhein. Er wurde somit ein angesehener Reichsfürst. 1410 wurde die Pfalz auf die vier Linien Kurpfalz, Oberpfalz, Pfalz-Zweibrücken-Simmern und Pfalz-Mosbach aufgeteilt. Kurfürst Friedrich I. regierte von 1449 (Kurfürstenwürde 1451) bis 1476 und gab der Pfalz die Vormachtstellung am Oberrhein. 1559 wurde unter Kurfürst Friedrich III. im Zuge der Reformation der Protestantismus eingeführt. 1608 wurde die protestantische Union gegründet.

Der Dreißigjährige Krieg (1618–48) begann mit dem fünf Jahre andauernden böhmisch-pfälzischen Krieg. Der Prager Fenstersturz dokumentierte die Erhebung der Böhmen gegen König Ferdinand II. Sie wählten den evangelischen Kurfürsten Friedrich V. von der Pfalz zum König von Böhmen. Graf von Tilly rückte 1622 in die Pfalz ein, und seine Truppen wüteten wie die Vandalen. Der Konflikt weitete sich zu einem europäischen Krieg, von dem sich die arg gebeutelte Pfalz, die ja mitten im Geschehen stand, nur sehr langsam erholte. Ihr Einfluss im Deutschen Reich schwand. Die Oberpfalz musste an Bayern abgetreten werden. Im anschließenden Pfälzischen Erbfolgekrieg (1688–1697) stießen die Franzosen bei ihren brutalen Plünderungszügen praktisch auf keine Gegenwehr. Ohnehin waren die Truppen des Reiches im Osten im Kampf gegen die Türken eingebunden.

Einladung in Freinsheim

Die Pfalz mutierte zu einem Durchmarschgebiet bei den langjährigen und häufigen kriegerischen Auseinandersetzungen. Dazu kamen Witterungskatastrophen, denen jeweils eine Knappheit der Lebensmittel folgte, und ein lebensbedrohlicher religiöser Druck. Man hörte vom fernen Amerika und von den vielen Möglichkeiten, die sich in Übersee einer fleißigen Familie böten. So setzte eine Auswanderungswelle ein. Viele Pfälzer emigrierten im Jahre 1709 nach Pennsylvania. Insbesondere die Pfälzer, die an der heutigen Weinstraße gemeinsam lebten, blieben auch in der Fremde beieinander und begründeten in Amerika die Weinbaukultur. Häufig gaben sie den Gemeinden, die von ihnen gegründet wurden, deutsche Namen. Etwa *Hermann* an den Gestaden des Missouri nahe bei St. Louis, welches durch seine – in den USA höchst seltenen – Fachwerkhäuser an die Bauweise der Häuser an der Weinstraße erinnert. Es wanderten also nicht nur die Weinbauern aus, sondern auch Bauhandwerker wie Zimmerleute und Maurer. Die Weine der vineyards in Hermann genießen bis heute besten Ruf, liegen aber preislich weit über denen aus Kalifornien, welches mittlerweile zum Synonym für amerikanische Weinlagen gilt. Bezeichnend in Hermann ist auch, dass die Straßen Namen deutscher Größen tragen. Anstelle der in den USA üblichen namenlosen, dafür nummerierten Straßen, findet man in Hermann plötzlich die Schiller-, Goethe-, Gutenberg- oder sogar die Wein-Street.

Zwischen 1722 und 1786 kam es zu einer großen Auswanderungsbewegung von Pfälzern in Richtung der habsburgischen Länder. Von Ulm aus schlossen sie sich dem großen Zug der Donauschwaben an und reisten in den sogenannten Ulmer Schachteln auf der Donau gen Osten.

Diese kastenförmigen Holzboote mit flachem Boden fuhren nur flussabwärts und wurden an den Zielorten in Ungarn, Galizien, Serbien, Kroatien und Rumänien als Bau- oder Brennholz verkauft.

In diesen fernen Gebieten lockte das Versprechen, fruchtbare Ländereien zur Verfügung gestellt zu bekommen. Auch nach Russland, Preußen, nach Cayenne und nach Französisch-Guayana trieb es viele Pfälzer in ihrer Not. Ab 1801 gehörten die linksrheinischen deutschen Gebiete zu Frankreich. Nach dem Wiener Kongress wurde die Pfalz größtenteils 1815 als Rheinkreis dem Königreich Bayern zuerkannt. Nach dem Ersten Weltkrieg besetzten bis 1930 die Franzosen die Pfalz, wenngleich die Zugehörigkeit zu Bayern fortbestand. Bis zum Einmarsch der deutschen Wehrmacht während des Zweiten Weltkriegs 1936 war die Pfalz ein Bereich der entmilitarisierten Rheinlandzone. Nach 1945 erhielt die Pfalz französische Besatzer und ging 1946 im neu gebildeten Bundesland Rheinland-Pfalz auf.
Dieser kurze Abriss der Geschichte der Pfalz soll die wechselhafte Situation an der Weinstraße verdeutlichen. Demnach sind die Pfälzer und Pfälzerinnen eine Mixtur unterschiedlicher Menschenschläge. Es steht ihnen aber ganz gut, und – vor allem – die Pfälzer sind ein stolzes Volk, das zusammenhält.

VERSTEH EINER DEN PFÄLZER – »IN DE PALZ GEHT DE PARRE MIT DE PEIF IN DIE KERCH«

Dieser Satz enttarnt den Pfälzer. Ein *Pf* am Wortanfang gibt es nämlich nicht. Es wird zum *P*. Punktum. Wobei aus Pferd nicht etwa das Perd wird, sondern schlichtweg *de Gaul*. »Die an de Woischdroos duun vill babble.« Und sie möchten ihren Zuhörern möglichst viel in möglichst kurzer Zeit vermitteln. Deshalb werden einige Wörter einfach abgekürzt. *Heim* wird reduziert zum *m*, so dass aus Mannheim *Mann'm* wird. Bad Dürkheim wird zu *Derg'm*. *Bad* oder *Sankt* werden grundsätzlich weggelassen, so darf man sich nicht wundern, dass aus dem anerkannten Luftkurort Sankt Martin ein schlichtes *Maade* wird.
Wenn Ä, Ü oder Ö im Spiel sind, tut sich der Fremde mit dem Verstehen besonders schwer. Ein Ä wird zum lang gezogenen E (Eisbären werden so zu *Eisbeere* oder die Rheinfähre zur *Rhoifeer*), das Ü wird entweder zum I (der Kübel wird dann zum *Kiwwl*) oder auch zum E (Kürschner ergibt so *Kerschner*) oder sogar zum langen E(mürbe heißt darum *meerb*). Das Ö wandelt sich normalerweise zum Ä, also wird aus dem Förster ein *Fäschder*.
Zu all diesen Abwandlungen der einzelnen Begriffe kommt häufig noch eine ungewöhnliche Melodik in der Aussprache hinzu. Die Weinsträßler singen beim Sprechen. In einem einzigen Satz kann sich mehrmals die Tonhöhe ändern. Kurzum – wer Unterhaltung sucht, ohne dabei selbst reden zu müssen, der setze sich nur in die Nähe eines Stammtisches und lausche. Die Zeit vergeht wie im Flug. Es ist jedoch schwer, in dieser gastfreundlichen Region nicht in ein Tischgespräch mit einbezogen zu werden.

Frühling – Kirschblüte

DER FRÜHLING AN DER WEINSTRASSE – EINER MUSS JA DER ERSTE SEIN

Wenn der Winter das restliche Deutschland noch fest im Griff hat, beginnt an der Deutschen Weinstraße bereits der Frühling. Dank des mediterran-milden Klimas sprießen häufig schon Ende Februar, Anfang März die zartrosa Blüten der Mandelbäume. Sie säumen die Straßen und Wege überall an der Weinstraße, ja man könnte meinen, die Dörfer stünden im Mandelblütenwettbewerb. Alljährlich pflanzen viele Gemeinden eine Menge neuer Bäumchen dazu. Auch Kiwi und Esskastanien, ja sogar Feigen und Zitronen gedeihen in dieser sonnenverwöhnten Gegend. Der Pfälzerwald hält nämlich von Westen her erfolgreich die kalten Winde ab und lässt es nur reduziert regnen. Von Süden her kann warme Luft ungehindert das Rheintal passieren und strömt den Haardtrand entlang. Ab Mitte April dann stehen alle Obstbäume in voller Blüte und belegen die märchenhafte Landschaft mit einem betörenden Duft. Die Weinreben schlafen derweil noch.

Der Frühling ist ein echter Geheimtipp für Weinliebhaber. Jetzt gelangen die im Herbst gelesenen Reben zur Reife und dürfen überall verkostet werden. Die Winzer verfügen in den Frühjahrsmonaten über viel Zeit und organisieren daher Veranstaltungen und Weinfeste. Lustige Runden finden sich auf den Dorfplätzen ein. Sie genießen die ersten wärmenden Strahlen der Sonne und plaudern fröhlich bei einem Schoppen jungen Pfälzer Weins. Die jungen, weiß gekelterten Rotweine, man-

Sommerliche Reblandschaft nahe Siebeldingen

cherorts auch *Blanc de Noir* genannt, passen vortrefflich zur leichten, gemüse- und salatlastigen Frühlingsküche sowie auch trockene Silvaner und Muskateller.

DER SOMMER AN DER WEINSTRASSE – DIE FERIENREGION DER PRALLEN GENÜSSE

In der Jahresmitte mit ihren sonnigen Tagen und den langen Abenden, spielt sich das Leben im Freien ab. Kulinarisch stehen an der Weinstraße nunmehr hauptsächlich Grillgerichte auf dem Speiseplan, aber auch die Küchenklassiker sind auf Kerwen, bei Winzerfesten und in den Weinstuben zu haben. An der Weinstraße gelingen Urlaube immer. Unterkünfte stehen reichlich zur Verfügung, von der Ferienwohnung bis hin zum Fünfsterne-Domizil. Der ganzen Familie wird viel geboten: Freizeitparks, Freibäder, Shoppingmöglichkeit und überall fröhliche Einkehr. In den kühlen Regionen des Pfälzerwaldes führen Spaziergänge entlang an gurgelnden Bächen und prallen Blumenwiesen.

Abwechslungsreiche Unternehmungen beglücken alle in der Familie, Groß und Klein, Alt und Jung. Der Sommer in der Ferienregion Deutsche Weinstraße ist Garant für Vergnügen und Erholung in

Herbstfarben bei Kallstadt

allen Facetten. Die heißen Sommertage verlangen nach frischen, kühlen Weinen. Die fruchtigen Portugieser Roséweine, die Weißburgunder und natürlich die spritzigen Rieslinge munden im Freien ganz besonders.

DER HERBST AN DER WEINSTRASSE – DIE KONKURRENZ ZUM KANADISCHEN INDIAN SUMMER

Wenn die Weinlese ansteht, wird das Ergebnis vieler Monate Arbeit eingebracht. Reges Treiben findet auf den Weinhügeln statt, die sich in ihr schönstes Kleid geworfen haben. Das Herbstlaub der Rebstöcke leuchtet fast aufdringlich in allen Herbstfarben – von Sonnengelb bis Feuerrot. Ein wogender *Indian Summer* könnte die Szenerie genannt werden, wenn diese Bezeichnung nicht die nordamerikanischen Herbstwälder gepachtet hätten. Inmitten der Farbenpracht tuckern die schmalen Traktoren. Trotz der Betriebsamkeit der Weinbauern haben Wanderungen im Herbst ihren besonderen Reiz. Bis in den November hinein wärmen die Strahlen der Sonne den Gast, und die Spaziergänge lenken ihn vom tristen grauen Herbst ab, wie er anderswo in Deutschland seinen Auftritt hat. Jetzt ist auch die Zeit der großen Weinfeste gekommen und die Feste der Federweißen,

Winterliche Reblandschaft im Norden der Weinstraße

dem jungen Wein, der eben in Gärung übergeht. Nicht zu unterschätzen ist dieses Getränk, denn der Alkohol hat sich schon breit gemacht, und so mancher unbedarfte Zecher spürt dies auf dem Nachhauseweg deutlich. Auch ist der Herbst die Zeit der *Keschte*, und köstliche Kastanientage stehen auf dem Veranstaltungsplan. Unterkünfte werden daher in dieser Jahreszeit knapp, es ist jedem anzuraten, frühzeitig bei den Hotels, Gasthöfen oder den Zimmervermietern zu buchen.

Der Herbst in der Pfalz ist die Zeit der verschwenderischen Genüsse. Brausende neue Weine, die leichten Rotweine des Vorjahres und gehaltvolle Grauburgunder sind die Weinspezialitäten, die zu den kräftigeren Gerichten des Herbstes passen.

DER WINTER AN DER WEINSTRASSE – VÄTERCHEN FROST UND BESINNLICHE ZEIT

Draußen wird es frostig und drinnen gemütlich. Auch wenn die Winter meist mild sind in dieser vom Klima verwöhnten Region, die Zeit der Weinfeste ist vorbei und die Gartenmöbel sind verstaut. Ruhe und Besinnlichkeit sind die Leitmotive. Aber auch die Monate Dezember, Januar und Februar bieten den Outdoor-Liebhabern eine tolle Plattform für Vergnügungen im Freien. Wanderungen in

Einladung in Maikammer

Einladung in Annweiler

der kühlen Jahreszeit haben ihren besonderen Reiz: Der flache Sonnenstand gibt der Landschaft eine besondere Plastizität, die Schneekristalle funkeln an wolkenfreien Tagen in allen Spektralfarben. Jetzt ist auch die Saison der Weihnachts- und Adventsmärkte gekommen. Duft von würzigem Glühwein, süßen Zimtäpfeln und leckeren Plätzchen erfüllen die Märkte, die meist in den winkligen Gassen der Winzerdörfer stattfinden. Weihnachtsstress kommt hier keiner auf. Die Speisewirtschaften und Restaurants bieten in der kalten Jahreszeit traditionsgemäß üppige Wildgerichte und deftige Pfälzer Spezialitäten, natürlich auch die Martinsgans in allen Variationen, meist aber klassisch, mit Kastanien oder Äpfeln gefüllt. Dazu passen die kräftigen Roten, Spätburgunder, Dornfelder und Cabernets, aber auch die weißen fülligen Spät- und Ausleseweine.

WOHLGEFÜLLTE TELLER – EIN GUTER SAUMAGEN IST BESSER ALS EIN SCHLECHTES CHATEAUBRIAND

Wie die Geschichte ist auch die kulinarische Ebene der Region Deutsche Weinstraße beeinflusst von Frankreich, Bayern und Baden bzw. deren Küche. Schauen wir doch mal in die Teller der Winzerfamilien und der Wirtshäuser: Bedingt durch das sonnige Klima, finden sich häufig Esskastanien (Keschte), Wein und mediterrane Kräuter in den Kochtöpfen und Bratröhren. Zum Beispiel die *Kalbshax uff Pälzer Art mit Keschte un Woitraube.* Zu Klößen sagt der Pfälzer *Knepp. Lewwerknepp* gibt es gebraten oder als Suppeneinlage. Ohne die Schweineleber, aber mit gehackten Rind-, Kalb-, und Schweinefleisch werden sie *Flääschknepp* genannt. Diese Pfälzer Fleischklöße werden nicht gebraten, sondern in der Brühe gegart und zu Meerrettichsauce serviert. *Dampnuddle mit Woisooß* sind für viele »Weinsträßler« die Leib- und Magenspeise, sie werden aber auch als Ergänzung zu einer *Grumbeersupp* (Kartoffelsuppe) hergenommen. Der Fremde braucht schon viel Dialektikverständnis und Phantasie, um in *Gaadewoschd* (Gartenwurst) eine Salatgurke zu analysieren. Die Gurke gibt es an der Weinstraße überhaupt nicht, wenn schon, dann allenfalls die *Gurg*. In der Regel bedienen sich die Pfälzer jedoch einer Entlehnung aus dem französischen »Concombre« und nennen sie kurz *Gummere*. *Grumbeeresupp* und *Quetschekuche* soll ein typisches Pfälzer Nationalgericht sein. Kartoffelsuppe und Pflaumenkuchen – wer´s mag. Überhaupt gibt es ungewöhnliche Verbindungen auf den Tischen, etwa den *Kerscheplotzer mit Supp*. Diese Sommerspezialität, auch Kirschenmichel benannt, ist eine sehr sättigende Süßspeise. Wem die Kombination mit der Suppe zu abenteuerlich erscheint, verzehre sie zusammen mit Vanillesoße. So schmeckt der Kerscheplotzer auch Nichtpfälzern himmlisch. Legendär sind die Plälzer Bratkartoffeln *Gebreedelde*. Sie werden mit Majoran und Speck veredelt, manchmal kommt auch ein Klecks Leberwurst dazu. *Gequellde* hingegen sind Pellkartoffeln.

Einladung in Laumersheim

Ein typisches Gericht aus der Pfalz hat es gar zu Weltruhm gebracht – trotz einer wirklich groben Bezeichnung und einer noch gröberen Form: der Pfälzer Saumagen. Altbundeskanzler Helmut Kohl selbst ist für dieses Schmankerl fleißig Reklame gelaufen, indem er es seinen hohen Gästen zu offiziellen Anlässen servieren ließ. *De Pälzer Saumaache* hat diese Lobeshymnen ja auch wirklich verdient. Dabei gibt es keine allgemein angewandte Zubereitungsmethode, nein, es soll so viele Rezepte für den Pfälzer Saumagen geben, wie es Pfälzer Hausfrauen gibt. Traditionsgemäß wird dieses leckere Regionalgericht in den Familien selbst zubereitet. In den Gaststätten nämlich, so wird beklagt, werde meist nur ein liebloses Teil aus der Großmetzgerei serviert. Dies stimmt so natürlich nicht generell. Aber es muss schon gesucht werden nach der authentischen Qualität. Hier fragt man am besten die Einheimischen, denn oftmals sind es nicht die ersten Häuser am Platze, sondern die kleinen versteckten Weinstuben und -keller, die die beste Regionalküche bieten.

Leidenschaftlichen Köch(inn)en wird es ein Bedürfnis sein, einen Saumagen selbst zuzubereiten. Über die Suchmaschinen des Internets wird man zwar dutzendweise fündig, leider ist den Rezepten jedoch nicht anzusehen, wie das Ergebnis hinterher schmecken wird. Gisela Gander aus der Weinstube »Zur Reblaus« in Bad Bergzabern serviert an allen Tagen außer dem Sonntag einen köstlichen Saumagen. Erfreulicherweise verrät sie uns ihr bewährtes Rezept. Es stammt noch von ihrem Vater, der, zusammen mit einem befreundeten Metzgermeister, die Schmankerln für die Gaststube zubereitete:

Vom Metzger besorge man sich einen geputzten Saumagen (auch in Regionen außerhalb der Pfalz wird dieser sicherlich auf Bestellung erhältlich sein). Und nun an die Arbeit:

Einladung zum Pfälzer Dreierlei – Saumagenscheibe, Leberknödel, Bratwurst

Die Füllung

375 g magerer Schweinebauch
375 g Schweinefleisch
375 g Bratwurstfülle (Brät)
1 kg halbgar gekochte Kartoffeln
3 Eier
2 Zwiebeln
1 Bund Petersilie
1–2 Knoblauchzehen
Salz, Pfeffer, Majoran und Muskat

Die angegebenen Mengen sollten eingehalten werden, denn naturgemäß haben die Mägen meist dieselbe Größe.

Das Fleisch und die Kartoffeln werden nicht zu grob gewürfelt, die Petersilie, die Zwiebeln und der Knoblauch fein geschnitten. Danach wird alles mit dem Rest der Zutaten vermengt, in den Magen gefüllt und zugebunden. Nicht zu prall füllen. Zwei bis drei Stunden lässt man nun den Magen in reichlich Salzwasser bei 80 Grad ziehen. Nicht sieden, er könnte sonst platzen! Wenn der Magen beim Sieden prall geworden ist, sollte er mit einer Nähnadel mehrmals eingestochen werden, damit die Luft entweichen kann. Sollte der Magen dennoch aufplatzen, kann er fest in ein Küchentuch gebunden und weitergegart werden. Wenn der Magen gar ist, wird in einer Pfanne fein gewürfelter Speck mit etwas Öl ausgelassen und der Magen darin langsam auf allen Seiten goldbraun gebraten. Den Magen dabei fleißig mit dem Fett übergießen. Nach dem Braten wird die Pfälzer Delikatesse in Scheiben geschnitten und mit etwas Butter angebraten. Dazu passt Sauerkraut in sämtlichen Zubereitungsweisen. Ein gutes Bauernbrot krönt das Mahl. Delikat! Die Geister scheiden sich allerdings, ob nun die Magenhaut mitverzehrt wird oder nicht. Jedem sei dies selbst überlassen.
Tipp: Wenn der Magen vom Metzger eingesalzen worden ist, weiche man ihn über Nacht in kaltem Wasser ein. Er kann dann leichter befüllt werden. Ein frischer Magen braucht nicht eingeweicht zu werden. Die original Pfälzer Küche ist das eine, die neue Pfälzer Küche das andere. Einige der Pfälzer Köche haben sich der Novelle Cuisine oder sogar der Haute Cuisine verschrieben. In nahezu jeder größeren Gemeinde findet man deshalb mittlerweile gepflegte Lokalitäten für feine Spargelgerichte in allen Variationen im Frühjahr, eine leichte mediterrane Küche im Sommer und leckere Wildspezialitäten im Herbst.

MIT DEM REISEMOBIL ENTLANG DER DEUTSCHEN WEINSTRASSE – WOHL DEM, DER´S WOHNZIMMER STETS DABEI HAT

Der Touristengruppe der Reisemobilisten wird in der Pfalz, insbesondere an der Deutschen Weinstraße außerordentlich viel offeriert. Allein auf den etwa 40 Kilometern der Südlichen Weinstraße, von Neustadt bis Schweigen-Rechtenbach also, bieten 58 Winzer und Weingüter Stellplätze für die Übernachtung an. Meist sind es geebnete Flächen auf Rasen oder Asphalt, nahe dem Weinberg oder hinter den Wirtschaftsgebäuden, die für eine Handvoll Mobile Platz bieten. Die Übernachtung kostet nur ein paar Euro, Strom, Wasser und Entsorgung wird auch hin und wieder geboten.

Wer sein Wohnmobil dann noch mit Wein aus dem jeweiligen Gut belädt um seinen Bedarf für Zuhause zu decken, steht für gewöhnlich ganz umsonst. Die Reisemobilisten sind hier recht beliebt. Weil sie abends gerne einkehren und dabei reichlich verzehren, weil sie gute Trinker sind, denn das Fahrzeug braucht nicht mehr bewegt zu werden und – nicht zuletzt – weil sie fleißige Weinkäufer sind. In ein Reisemobil passt schon eine ganze Menge an Weinkisten rein und ein paar Kilo über dem Zuladelimit werden, angesichts der günstigen Preise und der Qualität gerne in Kauf genommen.

Auch die Gemeinden tun immer mehr für diese Zielgruppe. Eben aus oben genannten Gründen, aber auch aus Selbstschutz, denn durch die dynamische Zunahme der Wohnmobile seit Beginn der 1990er-Jahre strömen an den Veranstaltungswochenenden viele Gäste mit dem eigenen oder gemieteten Mobil in die Dörfer.

Würde nun ein Wohnmobilstellplatz in der Gemeinde nicht existieren, kreisten die Mobilisten durch den ganzen Ort und stellten sich letztendlich an Stellen, wo man sie nicht so gerne hat. Die Parkplätze der Verbrauchermärkte böten sich hier an, die der Sportstadien oder die an den Friedhöfen. Jene sind jedoch eher den Trauergästen, den Fußballfans oder den Einkäufern vorbehalten als den Wohnmobilisten. So entstand ein Trend, der zuvor auch schon im Elsass zu beobachten war, auch an der Mosel und im Frankenland: kaum eine größere Gemeinde, die nicht mittels des bekannten Womo-Symbols auf die Reisemobilstellplätze hinweisen würde.

Meist ist von diesen Stellplätzen aus das Zentrum der Gemeinde schnell zu Fuß zu erreichen – was vor allem gut ist für eine weinselige Rückkehr zum Mobilheim! Auch finden sich oft Straßenwirtschaften oder Weingüter, die auch Verkostung anbieten in unmittelbarer Nähe. Kurzum: Für die wohnmobilen Gäste ist die Deutsche Weinstraße ein Eldorado erster Güte.

Wegweiser mit stilisierter Weintraube, hier bei Edenkoben

Schweigen-Rechtenbach – alte Weinfässer auf alten Fasswagen

DER WEIN – DIE KARRIERE IST NOCH LANGE NICHT BEENDET

Keine Frage, der Wein spielt hier an der Weinstraße die bedeutendste Rolle. Die Pfalz ist das größte geschlossene Weinanbaugebiet in Deutschland. Jede dritte Flasche deutschen Weines kommt aus der Gegend entlang der Deutschen Weinstraße. Über sonnenverwöhnte Hänge erstrecken sich weltberühmte Weinlagen mit über 100 Millionen Rebstöcken. Natürlich lebt längst nicht jeder hier vom Rebensaft, aber jeder hat gelernt, mit ihm zu leben. Wein ist hier allgegenwärtig, er ist Philosophie, Lebenselixier und wertvolle Tradition in einem und natürlich ein wichtiger Wirtschaftszweig. Die Rebfläche der Pfalz weist insgesamt 23.000 Hektar aus. Im Schnitt werden 2,7 Millionen Hektoliter Wein pro Jahr gekeltert. Die Hauptsorten sind Müller-Thurgau, Riesling und Portugieser. Es gibt rund 8.000 Weinbaubetriebe, das heißt, durchschnittlich verfügt ein Winzer über knapp drei Hektar Rebfläche.

Einladung in Neuleiningen

Winzerschild in Kallstadt

Dabei ist die Pfalz als Weinregion wohl eine der meist unterschätzten Regionen Deutschlands. Die Weine sind erheblich besser als ihr Ruf. Dies muss zunächst mal ganz pauschal so gesagt werden. Immer noch, denn auch wenn sich ein Qualitätsstreben seit den 1990ern dynamisch entwickelt, hinken die Pfälzer Weine – völlig zu Unrecht – im Ansehen jenen der Rheingauen oder der Mosel ein wenig hinterher. So meinte ein Weinhändler einmal, Wein habe ein langes Gedächtnis. Was er damit ausdrücken wollte ist, dass der Glykolwein-Skandal, mit dem die Pfalz verwoben war, immer noch in den Köpfen der Weingenießer spukt. Das ist lange her, 1985, und in den Weinen der Weinstraße findet sich seither garantiert nichts, was nicht hinein gehört. Dabei fügten die rheinland-pfälzischen Winzer dem Wein damals das verhängnisvolle Diethylenglykol nicht selbst zu, sondern sie vermengten lediglich gepanschten Österreicher Wein mit dem ihren. Dennoch, häufig noch ist in Gesprächen um den Pfälzer Wein das Wort Glykol zu hören. Allerdings nur aus den Mündern der Ignoranten, denn wer sich interessiert zeigt, wird feststellen, dass eine Menge Auszeichnungen, auch die des renommierten Gault Millau, zunehmend an die Deutsche Weinstraße gehen.

Der erste Ruck in Richtung Qualitätsanbau geht zurück auf die frühen 1990er Jahre. Eine Gruppierung von Winzern an der Südlichen Weinstraße, die Herren Becker, Kessler, Rebholz, Siegrist und Wehrheim kooperierten und bildeten eine Institution, die unter dem Namen *Fünf Winzer – fünf Freunde* für Furore sorgte. Von größter Bedeutung ist diese Vereinigung deshalb, weil bis dato immer behauptet wurde: »Wenn de zwee Winzer an een Disch grije willsch, musch een davo zersch doodschla.« – *Wenn du zwei Winzer an einen Tisch kriegen willst, musst du einen davon vorher totschlagen.*

Seither hat sich nicht nur die Qualität der Weine, sondern insbesondere auch das Selbstbewusstsein der Weinbauern dynamisch zum Positiven gewandelt. Die Gutsbesitzer der neueren Generation

Weinbergkapelle bei Freinsheim

Seiten 22/23 Feuerwerk am größten Weinfest der Welt – dem Wurstmarkt in Bad Dürkheim

sind zunehmend nicht mehr die klassisch-traditionell gelernten Winzer, sondern sie rekrutierten sich aus hervorragend ausgebildeten Weinbauingenieuren, die selbst einem Quantensprung in der Weinbautechnologie nicht mehr im Wege stehen. Benchmarking heißt ein weiteres Erfolgsgeheimnis. Es gilt, sich am Besseren zu orientieren. Jedes Weingut möchte es möglichst genauso gut machen wie das beste im Ort. Und alle wollen möglichst in der ersten Weinliga mitspielen. Zumindest bei deutschen Weingenießern, denn der Exportanteil der Pfälzer Weine ist nämlich immer noch verschwindend gering. Äußerst selten nur vergreifen sich die benachbarten Elsässer an deutschen Weinen. Obwohl der Grenzort Schweigen, uralten Verträgen gemäß, Burgundertrauben auf der Gemarkung Wissembourg anbaut und sich daher viele Hektar Rebenfläche der Südpfälzer auf französischer Gemarkung befinden, kommt kaum ein Weißenburger auf die Idee, einen Schweigener Wein zu kaufen. Ansonsten wird jedoch eine gutnachbarschaftliche Beziehung gepflegt zwischen den Nordelsässern und den Südpfälzern. Und vermutlich sieht ein Pfälzer ebenfalls keinen Grund, sich an einem Elsässer Edelzwicker zu laben. Die Pfalz bietet wahrlich selbst genug an Weinköstlichkeiten.

Klar, die Deutsche Weinstraße ist mächtig sonnenverwöhnt und kann auch den Weinbau, bedingt durch den Flachanbau, sehr wirtschaftlich betreiben, aber seit Beginn des 21. Jahrhunderts bescheiden sich die Winzer selbst und reduzieren den Ertrag zugunsten der Qualität. Endgültig vorbei sind die Zeiten, in denen die Pfalz als Massenanbaugebiet bekannt oder nennen wir es ruhig verrufen war. Es hat sich radikal gewandelt. Nicht mehr allein Menge wird produziert, sondern vermehrt hochwertige Weine.

Statt 15.000 Liter und mehr pro Hektar Rebenfläche, werden unter 10.000 Liter ausgekeltert. Und es ist nicht so, dass der Mehrertrag zu Industriealkohol destilliert werden würde, sondern die Triebe werden von Anfang an reduziert, oder einige Reben werden abgeschnitten. Manchmal verbleibt nur noch ein einziger Bogen am Rebstamm. Die wenigen Trauben an den Stöcken kommen dann in den Genuss von allem, was die bis zu acht Meter tiefe Wurzel nach oben transportiert und was die Photosynthese an Zucker produziert. Der Wein erhält ein höheres Öchslegewicht und somit eben eine noch bessere Qualität.

Die Erfolgsstory der Pfälzer Weine im vergangenen Jahrzehnt ist also erstaunlich und sucht ihresgleichen. Dies bestätigen die gängigen und anerkannten Weinführer Deutschlands. So gingen diverse Auszeichnungen, etwa *Bester Winzer des Jahres, Bester Rotwein des Jahres, Bester Weißburgunder* und *Winzer des Jahres* an die Deutsche Weinstraße. Der Trend scheint unumkehrbar, die Weine der Pfalz spielen zukünftig vorne mit.

Die Region Deutsche Weinstraße als das größte geschlossene Weinanbaugebiet in Deutschland besitzt eine Vielzahl unterschiedlicher Bodenformationen und kleinklimatische Gegebenheiten. Die Winzer dort könnten zwar in Sachen Rebsortenspektrum aus dem Vollen schöpfen, – es sind 38 weiße und 16 rote Sorten zugelassen, – dennoch nehmen nur eine Handvoll Rebsorten etwa zwei Drittel der Anbaufläche ein. Doch nennen wir es nicht konservativ oder Hemmung vor Veränderungen, nein, die Winzer sind auch etwas exotischeren Sorten, etwa dem Chardonnay und dem Muskateller durchaus aufgeschlossen, aber Bewährtes sollte erhalten bleiben. Und hier haben sich eben die Klassiker bewährt.

DIE WEISSEN DER PFALZ – OHNE DIE WEISSEN WÄRE DIE PFALZ GRAU

Machen wir uns nichts vor, die Pfalz wäre ohne die Weißweine recht unbedeutend. Auch wenn die Roten aufholen – etwa zwei Drittel der Rebfläche der Pfalz bringen köstliche Weißweine hervor und spielen daher schon allein mengenmäßig eine bedeutende Rolle.

Jede Rebsorte findet hier ihren Lieblingsboden. Wie darf´s denn sein? Schiefrig, kalkig, lehmig oder bundsandsteinig? Keine Frage, die Bodenbeschaffenheit ist neben den klimatischen Bedingungen und der Kompetenz des Winzers das wichtigste Kriterium für den Geschmack. Aus den Pfälzer Gauen kommen wirklich »große Gewächse«. Und schon lange nicht mehr kann die Region Mittelhaardt die Klasseweine alleine auf sich vereinigen. Von Schweigen im Süden bis Bockenheim im Norden

Blick in den größten Holzfasskeller der Pfalz – Kloster Heilsbruck, Edenkoben

finden sich edle Tropfen für jeden Geschmack. Auch für jeden Geldbeutel, denn die Preisspanne zwischen den Schoppenweinen und den Eisweinen, auch aus derselben Lage, ist erstaunlich: von unter zwei Euro der Liter bis zu einem deutlich zweistelligen Betrag für ein Halbliterfläschchen. Die einfacheren Durstlöscher unter den Weißweinen werden zwischen 12 und 14 Grad serviert, die hochwertigen Auslesen zwischen 14 und 17 Grad.

Der *Riesling* steht allen der deutschen Weißweine als der König voran. Er ist unbestritten die Nummer eins. Vielleicht liegt es an seiner Vielseitigkeit? Keine andere Rebsorte der Welt hat so viele Gesichter. Daher gilt: »Riesling ist Riesling ist Unsinn«! Vom süffigen Schoppen- und Qualitätswein über die charaktervolle Spätlese und Trockenbeerauslese bis hin zu m lieblichen Eiswein bietet der Riesling alles. Auch für edle Sekte muss er herhalten. Seine Hochburg hat der Riesling seit Jahrhunderten in der Region Mittelhaardt in den Orten Deidesheim, Forst und Wachenheim. Seit 1995 führt diese wertvollste Weißweinsorte die Rebflächenstatistik der Pfalz mit 22,5 Prozent an. Er umgarnt seine markante Säure mit unterschiedlichen Aromen. Ob spritzig nach Zitrone, etwas milder nach Pfirsich oder gediegen nach duftigem Apfel – jeder Weißweinliebhaber findet im Riesling seinen Favoriten und ein Geschmackserlebnis nach seinem Gusto. Das einzige im Übrigen, was alle Rieslinge gemeinsam haben – es sind Weißweine. Aber auch in der Farbgebung findet sich eine ganze Bandbreite von Nuancen: vom lichten Gelb bis zum satten Goldton.

Die weißen Burgunderweine: Manche bezeichnen die Deutsche Weinstraße als typisches Burgunderland. Tatsächlich finden die Weißburgunder, Grauburgunder und Spätburgunder auf den

kalkhaltigen Böden optimale Bedingungen. Inzwischen sind auch häufiger die Rebsorten Chardonnay und Auxerrois anzutreffen.
Der *Weißburgunder*, der Feine und Edle, weist ein Aroma auf, das an grüne Bohnen erinnert, manchmal an Melone. Er passt wunderbar zu Fisch, hellem Fleisch und natürlich zu Spargelgerichten – zu erstklassigem Pfälzer Spargel, dessen Stechsaison meist eine Woche noch vor der des badischen Spargels beginnt. Als der Stammvater einer Weinfamilie, der andernorts auch *Pinot blanc* genannt wird, genießt der Weißburgunder überregional einen guten Ruf. Sein Anteil von 3,5 Prozent an der Rebfläche der Weinstraße ist zwar nicht sehr hoch, aber stets am Wachsen. In Weinwettbewerben erringt er meist Spitzenplätze.
Der füllige *Grauburgunder* ist hier etwas rustikaler und findet genau aus diesem Grunde seine Liebhaber. Er nimmt etwas mehr als vier Prozent der Rebfläche der Pfalz ein. Man sagt ihm eine gespaltene Persönlichkeit nach. 1711 nahm der Apotheker Johann Seeger Ruland eine verwilderte Burgundersorte zur Hand und gestaltete daraus den *Ruländer*, einen lieblich ausgebauten Weißen. International wird diese Rebe auch *Pinot gris* genannt. Als trockene Variante wird der charaktervolle Grauburgunder als leckerer Tischwein zu feinen Braten genossen. Aus der Grauburgunderrebe werden sowohl edelsüße Dessertweine, als auch elegante trockene Weine gewonnen. Ein Hans-Dampf-in-allen-Gassen also, der in sämtlichen Geschmacksrichtungen eine gute Figur zeigt.
International wohl am weitesten verbreitet ist der Chardonnay. Er gelangte in den 1990er-Jahren zu hoher Popularität und durfte in die Liga der Edelreben aufrücken. Er ist genoty-

Modernste Traubenernte – traditionelle Traubenlese
Seiten 26/27 Burg-Weinfest im Rahmen des Burgsommers in der Ruine von Neuleiningen

mocabo
www.mocabo.de

Rebenerwachen im ehemaligen Winzerdorf Albsheim, das heute ein Ortsteil von Obrigheim ist

pisch verwandt mit den Burgundersorten. Eine im Jahr 1998 durchgeführte DNA-Analyse ergab, dass der *Chardonnay* das Ergebnis einer natürlichen Kreuzung von Pinot und Heunisch ist. Er wird, obwohl – oder gerade weil – recht anspruchsvoll im Anbau, immer mehr in den Pfälzer Gemarkungen heimisch. Aus dem Barriquefass fließt der Chardonnay gehaltvoll, eine Nuance Vanille schwingt oft mit. Im Edelstahltank gereift, entsteht ein ebenso kräftiger, jedoch eher fruchtiger Weißer. Die Gourmets auf der ganzen Welt würden wohl für einen gereiften Ziegengouda mit einem Glas kellerkühlem Chardonnay ihr Vaterland verraten.

Der *Gewürztraminer*, auch Roter Traminer genannt, ist eine Weißweinrebe, deren Ursprung im Dunkeln liegt. Auch die Verbindung zum Weinort Tramin ist nicht bewiesen, wird aber vermutet. Seit 1500 wird diese Rebe bereits in Deutschland angebaut. Sie findet sich auf dem ältesten Weinberg der Pfalz, dem Traminer-Weinberg bei Rhodt unter Rietburg. Das berauschende Aroma des Traminers erinnert stark an Wildrosen und lässt die Weinbauern an dieser Rebe festhalten, auch wenn sie bisweilen launisch ist und eher wenig trägt. Trotz seiner kraftvollen Würze und seines Bukettreichtums eignet sich dieser charaktervolle Wein nicht nur als Aperitif oder Dessertwein, nein, trocken ausgebaut ist er ein köstlicher Begleiter von so manchem Braten. Der Gewürztraminer belegt nur 1,5 Prozent der pfälzischen Rebfläche.

Der *Müller-Thurgau* stammt tatsächlich aus dem schweizerischen Thurgau und wurde dort gegen Ende des vorletzten Jahrhunderts vom Züchter Professor Hermann Müller gestaltet. Über einen langen Zeitraum wurde die Rebe fälschlicherweise für eine Kreuzung aus Riesling und Silvaner gehalten, was ihr auch den gebräuchlichen Namen Rivaner einbrachte. Tatsächlich spielte bei der Kreation die französische Tafeltraube *Königliche Magdalenentraube – Madeleine Royale* – eine gewichtige Rolle. Sie vererbte dem Müller-Thurgau den Hauch von Muskat. Zu leichten Speisen, respektive Fischgerichten bietet sich dieser grundsolide Tropfen an. Er sollte jung getrunken werden.

Der *Kerner* hat nichts mit der württembergischen Weinbaugemeinde Kernen im Remstal zu tun, sondern er entlehnte sich seinen Namen vom schwäbischen Arzt und Dichter Justinus Kerner. Die relativ neue Kreuzung (1969) aus dem blauen Trollinger und weißem Riesling belegt etwa neun Prozent der Weinbergfläche der Pfalz. Sie eroberte die Herzen und Gaumen der Genießer im Sturm. Der Kerner passt prächtig zu weißem Fleisch und zu vielen Vorspeisen. Die anspruchslose Sorte gedeiht auf fast allen Böden und bringt einen sicheren Ertrag. Der Geschmacksfächer des Kerner geht von rassig-fruchtig bis gehaltvoll-würzig und erinnert an den Riesling, der diese Traubensorte ja auch dominiert.

Der *Silvaner* war noch in den 1950er-Jahren die meistverbreitete Rebe Deutschlands – und ganz auf Masse getrimmt. Der in dieser Zeit recht grobe Wein musste in den 1960ern vielerorts anderen Rebsorten weichen. Heute stellt er noch sechs Prozent der Rebfläche der Pfalz, hat sich aber zu einem süffigen Wein gemausert, der eine große Schar leidenschaftlicher Anhänger hat. Er kam ursprünglich aus dem Osten. Mit einiger Wahrscheinlichkeit aus Transsilvanien, aus Siebenbürgen also, wo angeblich auch die Grafen Dracula zu Hause sind. Daher auch sein Name Transsilvaner, verkürzt zu Silvaner. In Österreich ist der Silvaner seit mehr als 800 Jahren bekannt und trat von dort seinen Siegeszug nach Deutschland an. Im Geschmack ist er recht neutral, doch spiegelt er den Boden wider, auf dem er gewachsen ist. Bei hoher Reife schleicht sich manchmal ein zartes Honigaroma mit hinein, das dann auch einen Zungenschnalzer wert ist.

Die *Scheurebe* ist ein ganz junges Dingelchen auf der Weinpiste und gilt als deutsche Antwort auf den *Sauvignon Blanc*. Erst 1962 wurde sie aus Silvaner und Riesling gekreuzt. Ihr Erschaffer Georg Scheu war stolz auf seine Züchtung und schwärmte von dem verstärkten Riesling-Bukett und vom Körperreichtum des Weines. Das Aroma der Scheurebe erinnert an schwarze Johannisbeeren, an Holunderblüten oder an Pfirsich. Sie passt zu weißem Fleisch. Knapp zwei Prozent der Rebfläche in der Pfalz werden ihr gegönnt.

Der *Morio-Muskat* ist der einzige waschechte Pfälzer im Reigen und auch noch nicht allzu betagt. Es gibt die Züchtung seit 1956. Peter Morio, Leiter der bayerischen Nebenstelle für Rebenzüchtung in Neustadt, kreuzte ihn wahrscheinlich aus Silvaner und Weißer Burgunder. So richtig bewiesen ist dies jedoch nicht. Möglicherweise ist die Rebe auch verwandt mit der Muskatellertraube, zumindest findet dieser sich im Namen wieder. Man genießt diesen typischen Bukettwein zu kräftigen Speisen. Er hat ein kräftiges, manchmal sogar aufdringliches Muskataroma, welches nicht jedem Weingenießer behagt. Insbesondere wenn das Lesegut nicht völlig ausgereift war. Als später gelesener Wein mit hochgradigem Mostgewicht kommt er jedoch sehr ausgeglichen ins Glas. Häufig werden Morio-Muskat und Silvaner verschnitten.

Zeit der Eisweinlese – Spätherbst zwischen Bockenheim und Grünstadt

DIE ROTEN DER WEINSTRASSE – RAUS AUS DEM SCHATTEN, RAUF AUF DIE BÜHNE!

Tatsächlich standen die Rotweine lange Zeit im Schatten der seit dem Mittelalter erfolgreichen Weißweine. Zu aller Erstaunen rücken sie heute jedoch hartnäckig ins Rampenlicht und beweisen von Jahr zu Jahr nachdrücklicher, dass sie eine große Rolle auf der Bühne spielen wollen.

Den Weg von der Rebe bis in das Glas beschreiten die Roten und Weißen unterschiedlich. Rotweine fordern viel Mühe und Können ein. Jeder Schritt gestaltet sich aufwändiger als bei den weißen Brüdern. Schon die Maische gärt anders: im offenen Bottich, damit sich die Farbstoffe aus der Beerenhaut lösen. Manchmal vergehen Wochen, bis die Pressung erfolgt und der Traubensaft ins Fass gelangt. Ins Holzfass natürlich, denn Rote müssen atmen. Entweder reifen sie danach im *Alten Holz* – große Fässer, die jedes Jahr erneut mit Traubenmost befüllt werden. Oder sie kommen, wenn eine kraftvolle Statur vorhanden ist, ins *Junge Holz,* dem kleineren Barriquefass.

Dann braucht der Rotwein Zeit zu reifen. Viel Zeit. Mindestens ein Jahr lässt ihm der Winzer Ruhe, Säurestrukturen wandeln sich um, und der Wein holt sich unterschiedliche Aromen aus dem

Holz. Bis zur Abfüllung in Flaschen vergehen nicht selten auch mal drei Jahre Fasslagerung. Aber auch nach der Flaschenabfüllung geht der Reifeprozess weiter. Erstmal ist Ruhe angesagt. Die dominanten Fruchtaromen treten dabei etwas in den Hintergrund und geben neueren eine Chance. Die kleineren Weine machen dem Genießer bereits nach ein paar Wochen Freude, die großen lassen jedoch noch einige Jahre auf sich warten – mindestens drei Jahre. Die Sorten mit besonders hohem Potential brauchen bis zur Vollkommenheit auch gerne mal einige Jährchen mehr.

Weinfest in Diedesfeld – mit Karussell vor dem Rathaus

Und wenn es dann endlich ans Genießen geht, fordert der Rotwein erneut viel Zeit und Muße ein. Zunächst sollte er karaffiert werden, er muss nach dem Öffnen atmen. Durchaus einige Stunden vorher wird er dazu in spezielle Karaffen umgefüllt, dickbauchige Glasgefäße mit überbreitem Boden, in denen der Wein eine größtmögliche Luftspiegelfläche bildet um mit Sauerstoff in Kontakt zu treten. Man bemerke: karaffieren, nicht etwa dekantieren, denn die verbreitete Bezeichnung *Dekanter* für das bauchige Zielgefäß ist fachlich falsch. Unter Dekantieren versteht man das vorsichtige Umfüllen von Wein aus der Flasche in eine schmale Dekantierkaraffe mit geringer Luftspiegelfläche, um ihn von unerwünschtem Weinstein und Bodensatz (Depot) zu trennen. Der intensive Kontakt mit der Luft könnte bei älteren Weinen zu einer raschen Oxidation führen, die den Geschmack negativ verändern würde. Bei diesem Vorgang ist Vorsicht geboten. Man belässt einen kleinen Rest Wein mit dem Depot in der Flasche und hält diese, um das Depot zu erkennen, während des Umfüllens vor eine helle Lichtquelle, traditionell über eine Kerze.

Jetzt kommt der Wein ins Glas. Rotwein wird bekanntermaßen aus großen Gläsern genossen, in denen der Weintrinker ihn zuvor etwas schwenken kann. Ebenfalls des Atmens wegen. Die erste Kontaktaufnahme erfolgt über die Nase. Erst riechen, dann trinken heißt die Devise. Aber nicht etwa gleich schlucken, nein, der Weinkenner schlürft den Wein, vermischt ihn noch mehr mit Luft und belässt den Schluck lange auf der Zunge. Denn im Mund überraschen dann die unterschiedlichsten Geschmackseindrücke: Man schmeckt getoastetes Holz, gepaart mit leicht erdigem Aroma bis hin zu fruchtig roten Beeren, etwa Brombeere oder Kirsche. Manchmal alles in einem Schluck. Geduldig also muss der Rotwein verkostet werden, erst dies macht ihn zum Genusserlebnis. Die Beurteilung des Weines erfolgt bereits seit den Römern nach drei Kriterien: *color – odor – sapor* (Farbe, Geruch,

Geschmack). Die Trinktemperatur sollte, je nach Traube und Gusto, zwischen 18 und 20 Grad liegen.
Der *Dornfelder* spielt unter den Roten mit 14 Prozent Rebfläche die allererste Geige. Seit 1956 existiert diese Züchtung aus Helfensteiner und Heroldrebe und wurde erst Anfang der 1980er für den Anbau freigegeben. Beide Väter spielen auf dem Weinmarkt keine Rolle mehr, der Dornfelder hingegen legte eine steile Karriere hin. Obwohl er ursprünglich nur als Deckwein geplant war, führt heute kein Weg mehr an ihm vorbei. Der Liebhaber dieses charaktervollen und markanten Weines ergötzt sich an der tiefroten Farbe und dem unverwechselbaren beerig-samtigen Geschmack. Es fällt den Dornfeldern leicht, Barriquetöne anzunehmen, sie bleiben dennoch stets bodenständig und ehrlich. Sie passen wunderbar zu aromatischem Käse und Braten. Den Winzer freut, dass diese Rebsorte hohe und sichere Erträge bringt.
Der *Spätburgunder* wird als Grandseigneur verehrt, wird geliebt und stellt sicherlich einen der aussagekräftigsten Roten der Weinstraße dar. Der Spätburgunder darf seit 2003 auch Pinot noir genannt werden und ist fast ebenso variantenreich wie der Riesling, denn er wird sowohl als Schoppenwein, als auch als wunderbarer Begleiter zu Wildgerichten oder würzigen Braten genossen. Gut Ding will Weile haben, ein Spätburgunder braucht daher, insbesondere als Barriquewein, einige Jahre, um seine Vollkommenheit auszuspielen. Dann nämlich wird der Wein weicher, spielt Nuancen von Brombeere mit ein und bietet einen nachhaltigen Abgang. sieben Prozent der Pfälzer Rebfläche ist dem Spätburgunder vorbehalten, mit zunehmender Tendenz.
Der *Portugieser* hat nichts mit Portugal zu tun, auch wenn uns sein Name dies glauben machen möchte. Dort gibt es diese Sorte nämlich überhaupt nicht. Er kommt vielmehr aus der Region Österreich-Ungarn, wo er bis heute einen der Hauptweine darstellt. In der Pfalz belegt der süffige, meist als Weißherbst ausgekelterte Wein etwa zehn Prozent der Rebfläche. Die Jungen mögen ihn, weil er unverbindlich – wie wir es nennen wollen – schmeckt. Gerade sein neutraler Geschmack, seine milde Säure und sein geringes Bukett machen ihn, gut gekühlt, zum idealen »Terrassenwein«. Man sollte den Portugieser dennoch nicht unterschätzen; bisweilen gestaltet er sich zu einem sehr gehaltvollen Roten mit leichtem Burgunderton, der dann vorzüglich zu Wildgerichten mundet.
Den *Schwarzriesling* trifft man nur hin und wieder an, denn er spielt in der Pfalz eine bescheidene Rolle. Die Müllerrebe, wie der recht milde Schwarzriesling eigentlich heißt, ist vergleichsweise säurearm und wird gerne als Verschnittwein verwendet. Zum original Pfälzer Vesper mit würzigen Blut- und Leberwürsten passt er vorzüglich.
Der *Sankt Laurent*, dessen Name nicht französisch ausgesprochen wird sondern durchaus deutsch, ist eine Pfälzer Spezialität. Vermutlich hat die Rebe ihren Ursprung in der Gemeinde Saint Laurent im Médoc. Er wird auch *Sankt Lorenz* genannt und kam bereits 1870 als *Saint Laurent* vom Elsass her in die Pfalz, wo er liebevoll weitergezüchtet wurde. In den Händen erfahrener Winzer ergibt der Sankt Laurent einen komplexen Wein mit fester Struktur und guter Frucht.
Auch internationale Rebsorten halten Einzug in die Pfalz. Sie werden meist in Cuvées eingesetzt. Zu den Klassikern *Cabernet Sauvignon* (150 Hektar), *Merlot* (200 Hektar) und *Syrah* (10 Hektar) gesellen sich auch exotische Neuzüchtungen wie *Cabernet Dorsa, Cabernet Cubin, Cabernet Mitos*

Weinprobe in der Vinothek des Deutschen Weintores

und *Cabernet Dorio* (insgesamt zirka 200 Hektar). Wer mehr wissen möchte über Neuzüchtungen, Kreuzungen und Weinsorten im Allgemeinen, wird im BAZ, dem Institut für Rebenzüchtung Geilweilerhof zwischen Siebeldingen und Frankweiler, alle Informationen erhalten. Ein Weinlehrpfad vermittelt eine Menge an Wissen über Weine. Auf dem Gelände stehen mehr als 3.000 (!) Rebsorten. Wir können gespannt sein, was uns die Deutsche Weinstraße in Zukunft für edle Tropfen präsentieren wird.

Die Pfälzer Winzer deklarieren alljährlich, wie die Rebflächen belegt sind. Dominiert wird die Liste natürlich von Riesling, Dornfelder und Rivaner, vermehrt finden sich jedoch auch der *Sauvignon Blanc* (150 Hektar) und der *Cabernet Blanc* (8 Hektar). Es sind jedoch auch Sorten dabei, dessen Namen manch einer noch in den 1990ern nicht einmal kannte: *Viognier*, der Weißwein aus dem Rhonetal (2 Hektar), der *Johanniter* (6 Hektar), der allerdings nichts mit dem Johannitergut, dem ältesten Weingut in der Pfalz zu tun hat. Dort wird liebevoll eine Rebsorte bewahrt, die zwar vor einem halben Jahrtausend ihre Hochzeit gehabt hatte, heute jedoch vom Aussterben bedroht wäre – der *Gänsfüßer*.

Die Experimentierfreudigen unter den Winzern üben auch gerne mit italienischem oder spanischem Pflanzgut; so finden sich auf immerhin drei Hektar der *Nebbiolo*, der *Sangiovese* oder der *Tempranillo*. Der Südtiroler *Lagrein* ist mit 1,5 Hektar vertreten und der österreichische *Zweigelt* gar mit 2,5 Hektar. Aus Südwestfrankreich gesellte sich jüngst der *Petit Verdot* hinzu, dem eine große Pfälzer Zukunft prognostiziert wird.

REISEBEGINN IM SÜDEN – VON SCHWEIGEN-RECHTENBACH BIS KLINGENMÜNSTER

Das Deutsche Weintor in Schweigen-Rechtenbach verbindet das Elsass mit der Deutschen Weinstraße

DAS DEUTSCHE WEINTOR – GALLISCHER HAHN TRIFFT DEUTSCHEN ADLER

Wer vom Nordelsass aus die kaum wahrnehmbare französisch-deutsche Grenze passiert, kommt um den beeindruckenden Anblick des Deutschen Weintores nicht herum. Gerade noch war alles unverkennbar französisch: die Stadt Wissembourg, die Straßenschilder, die Menschen – und plötzlich thront eben dieses urdeutsche Bauwerk aus dem Jahre 1936 mit einem riesigen in die Fassade gemeißelten Reichsadler, der, einen Siegerkranz haltend, offenbar entstand, um den Gallischen Hahn zu verhöhnen. Es entsprach eben dem deutschen Pathos der 1930er Jahre. Zeitgemäß befand sich ursprünglich ein Hakenkreuz im Inneren des Lorbeerkranzes, das wohl gleich nach dem Zweiten Weltkrieg eliminiert wurde. Dem Kriege trutzte das Gebäude und überstand die Jahre der allgemeinen Verwüstung unversehrt. Ein Restaurant gesellt sich an die Seite des Tores, edle Küche wird dort kredenzt, die den Gast verwöhnt. Eine Außenstelle der Winzergenossenschaft Südpfalz verteilt großzügig Werbeprospekte und lässt den Gast von den edlen Tropfen kosten, die an der Weinstraße entstehen.

Von der Balustrade des Deutschen Weintores aus hat der Gast einen prächtigen Blick über die Weinberge, die von den Bergen des Pfälzerwaldes, den Nordvogesen und dem Schwarzwald begrenzt zu sein scheinen. Weinberge soweit das Auge reicht. Alles ist hier geprägt vom Weinanbau. Er gibt den fleißigen Menschen der Region bereits seit mehr als 1.000 Jahren den Rhythmus vor. Damals begannen die Brüder des nahe gelegenen Benediktinerklosters in Weißenburg (heute Wissembourg) mit dem strukturierten Weinanbau. Sie wussten um die Qualität des Bodens und um den Wert des Klimas. Auf jene Werte setzen bis heute auch die 20 Weingüter der Gemeinde. Das Deutsche Weintor liegt in der Gemeinde Schweigen-Rechtenbach, der südlichsten Gemeinde der Deutschen Weinstraße.

Hier soll unsere Reise in den Norden beginnen. Auf vielfältige Weise ist die Route *Deutsche Weinstraße* zu erkunden. Zu Fuß, mit dem Fahrrad und natürlich mit dem Auto. Reizvoll sind alle Wege und Straßen, führen sie doch durch einmalig schöne Landschaften und Winzerorte. Die Gasthäuser, Weinstuben und Hotels der Gemeinden bieten sowohl wohlschmeckende, authentische Pfälzer Küche als auch frisch gemachte Betten in allen Preisstufen. Und natürlich Wein, Wein und abermals Wein, und wo dieser gut gedeiht, soll es bekanntlich auch vorzügliche Küche geben. Wie der Brite über das Wetter, spricht der Pfälzer über den Wein. Bei jeder sich bietenden Gelegenheit nämlich. Die vielen Winzerdörfer, Städtchen und Städte an der Weinstraße sollen hier jeweils kurz von Süd nach Nord beschrieben sein.

SCHWEIGEN-RECHTENBACH

Wo sich das Nordelsass und die Südpfalz begegnen und wo die Deutsche Weinstraße ihren Anfang hat, liegt der Wein- und Erholungsort Schweigen-Rechtenbach. Zwei zusammengehörende verträumte Dörfer mit etwa 1.500 Einwohnern. Krumme Giebel in ebenso krummen und engen Winzergassen machen den Reiz dieser Gemeinde aus. Schwere Hoftore stehen einladend offen, so wie auch die Einwohner den Besucher offen und herzlich empfangen. Die 17 Weinstuben und Restaurants, die überall im Örtchen zu finden sind, heißen den Gast willkommen. Hier in Schweigen-Rechtenbach entstand der erste deutsche Weinlehrpfad (vielleicht auch der erste der Welt?). Er führt einige Kilometer weit durch die schöne Weinlandschaft und erweist sich ebenso unterhaltsam als

auch lehrreich. Man erfährt viel über den Einfluss des Bodens und des Klimas auf die Weinqualität, über die Arbeit des Winzers in Weinberg und Keller und natürlich eine Menge über die zahlreichen Rebsorten. Bei Weinproben im Anschluss kann dann jeder seinen Favoriten finden, es wird aber bei der Vielzahl der angebotenen Rebensäfte nicht einfach sein. Vor allem haben der Gewürztraminer und verschiedene Burgundersorten zum Ruhme der Gemeinde beigetragen.
Feste: Eine gute Gelegenheit die Weine zu verkosten bietet der jährlich am letzten Aprilwochenende stattfindende *Burgunderfrühling*. Außerdem findet am ersten Wochenende im Mai die Schweigener Kerwe und am zweiten Wochenende im September die Rechtenbacher Kerwe statt. Auch sonst wird viel gefeiert im Doppeldorf: Auf der Johannisfeier Ende Juni, auf dem Rebenblütenfest am ersten Juliwochenende und auf dem Weinfest *Erlebnistag Deutsche Weinstraße* am letzten Wochenende im August. Am letzten Wochenende im Oktober dann das Herbstfest. Die geballte Feierlaune von Schweigen-Rechtenbach steht stellvertretend für sämtliche Gemeinden entlang der Deutschen Weinstraße. Keine Woche vergeht, an der nicht in der Nähe ausgelassen gefestet, gespeist und getrunken werden könnte. Und immer geht es hauptsächlich um ein Thema – um den Wein.

BAD BERGZABERN – DAS KLEINE VERFÜHRERSTÄDTCHEN

Nur etwa sechs Kilometer entlang der Weinstraße nach Norden erreicht man das Städtchen Bad Bergzabern. Es ist sehr schwer, sich dem Charme dieses kleinen etwa 8.000-Einwohnerstädtchens zu entziehen. Der überregional bekannte Kurort liegt auf etwa 200 Höhenmetern im südlichen Teil der Weinstraße und blickt auf eine bewegte Stadtgeschichte zurück. Es wird vermutet, dass der Ort von Zuwanderern aus Zabern am Rhein im 12. Jahrhundert gegründet wurde. Der Name Bergzabern könnte sich jedoch auch von der römischen Siedlung *Taberna Montanae* abgeleitet haben. Bereits 1286 erhielt Bergzabern Stadtrechte, diese gingen auch einher mit dem Recht, Markt abzuhalten. Und Handel bedeutet Wohlstand. Die Grafen von Zweibrücken gründeten in der zweiten Hälfte des 12. Jahrhunderts eine Wasserburg. Seit 1527 steht an dieser Stelle das Schloss. Mit seinen Rundtürmen und dem mächtigen Eingangsportal zum Hof ist es das Wahrzeichen der Stadt. 1385 wurde Bergzabern an die Kurpfalz verkauft. Viele Städte wechselten im Mittelalter teilweise mehrfach ihre Besitzer. 1410 übernahm das neue Herzogtum Pfalz-Zweibrücken das Städtchen am Hang des Liebfrauenberges.
Bis heute zeigt sich der Kern von Bad Bergzabern in mittelalterlicher Holdseligkeit. Einst war er völlig von einer wehrhaften Stadtmauer umgeben, die jedoch im Laufe der Jahrhunderte geschleift wurde. Die Steine waren halt gut für Keller und Fundamente der Häuser zu gebrauchen. Der Dicke Turm im Nordosten der Altstadt und der Storchenturm im Südosten blieben jedoch glücklicherweise erhalten. Für Türme gab es offenbar stets Verwendung, sei es als Kerker oder als Speicher.
Bad Bergzabern ist bereits seit 1958 heilklimatischer Kurort und seit 1964 ein Kneippheilbad. Nach erfolgreichen Bohrungen im Jahre 1970 wurde 1974 ein Thermalbad eröffnet. Das Heilwasser der

Seiten 36/37 Blick über die Reben auf Schweigen-Rechtenbach und zum Deutschen Weintor
oben Das ab 1527 erbaute Schloss der Herzöge von Pfalz-Zweibrücken ist das Wahrzeichen von Bad Bergzabern

Petronellaquelle kommt aus einer Tiefe von 450 Metern und tritt mit 32 Grad zutage. Im Jahre 2006 wurde die Südpfalz-Therme eröffnet. Ein modernes Heilbad mit Außen- und Innenbereich, einer erlebenswerten Saunalandschaft und vielen Anwendungsmöglichkeiten, die der Gesundheit und dem Wohlbefinden dienen.

In der Königstraße, nicht weit vom Schloss, beeindruckt eines der schönsten Renaissancehäuser der Pfalz, das Gasthaus »Zum Engel«. Es war ehemals ein Adelshof und stammt aus dem 16. Jahrhundert. Im ersten Stock befindet sich das Stadtmuseum. Ansonsten findet sich der Gast Bad Bergzaberns inmitten von Patrizierhäusern verschiedener Stilrichtungen. Fachwerk, Barock und Rokoko – alles ist in der Königstraße und in den nicht minder charmanten Seitengassen zu bewundern. Einige der Häuser stehen auf spätromanischen Kellergewölben. Bad Bergzabern ist eine schöne, über Jahrhunderte gewachsene Stadt, deren Lädchen und Cafés zum Stöbern und Verweilen einladen.

Mobil
SPIELE

Auch glänzt Bad Bergzabern und das Umland durch eine große Anzahl an Weinfesten und anderen Veranstaltungen. Im Haus des Gastes werden Theater, Operette, Lieder- und Tanzabende geboten. Auch Vorträge finden Gehör, etwa die Bad Bergzaberner *BuchLese*, eine Wortschöpfung in Anlehnung an die Weinlese. Kunstfreunde erwarten wechselnde Ausstellungen in der »artgalerie« am Schloss.

Feste: Bereits am zweiten Wochenende vor Ostern beginnt der Festereigen mit dem traditionellen Ostermarkt. Das Altstadtfest, an dem es immer hoch hergeht, findet am ersten Juniwochenende statt und das nicht minder lebendige Schlossfest am dritten Wochenende im August. Im September dann lädt das Kurparkfest zum Verweilen in Bad Bergzabern ein und der Herbstmarkt vom letzten Wochenende im September bis zum ersten Wochenende im November. Hier wird dann bereits der federweiße neue Wein reichlich verkostet. Eines der Highlights in der Adventszeit spielt sich am zweiten Dezemberwochenende im Innenhof des Schlosses ab: der schön geschmückte Karolinenmarkt. Aber völlig egal wie die Feste und Feiern heißen – der Wein spielt bei allen Veranstaltungen stets eine äußerst prominente Rolle.

Einen wohl einmaligen Jagdclub beheimatet Bad Bergzabern: Der Böhämmer Jagdclub ist eine Gesellschaft, die eine Jahrhunderte alte Tradition pflegt, welche es außerhalb Bad Bergzaberns nirgendwo gibt. Ob es nun die Hungerjahre der Vergangenheit waren oder eher das unstillbare Jagdfieber, vermag heute keiner mehr recht zu sagen. Böhämmer sind Bergfinken im Dialekt der Pfälzer. Jene Wandervögel fielen zu Beginn des Winters auf ihrer Reise in den Süden stets schwarmweise hungrig über die Eckern der Buchen des Pfälzerwaldes her und verbrachten dort hernach auch die Nacht. Wo genau sich die Vögel niederließen, war leicht auszumachen, denn die Schwärme bestanden oft aus mehreren Hundert Tieren. Nach Einbruch der Dunkelheit gingen die Männer mit Blasrohren auf die Jagd. Etwa zwei Meter lang waren die Waffen. Zwei Längshälften wurden aus Nadelholz gehobelt und der Lauf mit Hartholz ausgelegt. Als Munition dienten Lehmkügelchen von etwa einem Zentimeter Durchmesser. Einer der Männer hielt eine brennende Zündpfanne in die Kronen der Bäume, um die schlafenden Böhämmer zu illuminieren. Die anderen schossen leise, aber was das Zeug hielt. Ein weiterer Jagdteilnehmer sammelte die erlegten und zu Boden gefallenen Tiere ein. Zuhause wurden die Vögel dann *gerupt* (wie schon erwähnt, gibt es in der Pfalz kein phonetisches *pf*) und ins Bratrohr geschoben. Bei gutem Jagderfolg konnten auch schon mal einige Vögel weiterverkauft werden.

Heute wird natürlich nicht mehr auf lebende Vögel geschossen, sondern auf Vogelattrappen, die aus einem aufgestellten Bäumchen herausgeschossen werden müssen. Auf Jahrmärkten sind die Böhämmerschützen regelmäßig anzutreffen, und für ein paar Cent dürfen sich die Besucher in dieser außergewöhnlichen Jagddisziplin üben. Es ist erstaunlich, wie präzise es sich mit diesen Blasrohren aufgrund der Lauflänge treffen lässt.

Bad Bergzabern – Blick zum schönsten Renaissancebau der Pfalz, erbaut ab 1556, seit 1802 als Gasthaus »Zum Engel« bekannt

DAS BAD BERGZABERNER LAND – ZWANZIG ROMANTISCHE DÖRFER IN MALERISCHER LANDSCHAFT

Rund um die Verbandsgemeinde Bad Bergzabern liegen zwanzig einladende Dörfer. Jedes soll kurz beschrieben sein, auch wenn sie nicht alle an der Weinstraße liegen. In alphabetischer Reihenfolge:
Barbelroth. Ein romantisches Dörflein mit etwa 600 Einwohnern. Barbelroth liegt im Erlenbachtal, der Rheinebene zugewandt. Neben Wein wird auch fleißig Tabak angebaut.
Sehenswürdigkeiten: verschiedene denkmalgeschützte Fachwerkhäuser, darunter ein ehemaliges Pfarrhaus
Feste: Kerwe am zweiten Sonntag im September
www.barbelroth.de
Birkenhördt. Die staatlich anerkannte Fremdenverkehrsgemeinde mit etwas über 700 Einwohnern liegt ebenfalls im sonnigen Tal des Erlenbachs. Von hier aus starten Wanderer und Mountainbiker zu ihren Touren im Pfälzerwald.
Sehenswürdigkeiten: die St.-Gallus-Kirche mit Holzaltar und Deckenmalerei
Feste: Kerwe am dritten Wochenende im Oktober
www.birkenhoerdt.de
Böllenborn. Es ist eines der schönsten Dörfer der Südlichen Weinstraße und liegt mit dem Ortsteil Reisdorf im Pfälzerwald. Die Fremdenverkehrsgemeinde mit fast 300 Einwohnern bietet Erholung pur.
Sehenswürdigkeiten: die historische Marienwallfahrtskirche aus dem 14. Jahrhundert
Feste: Kerwe am zweiten (Reisdorf) und dritten (Böllenborn) Wochenende im September
www.pfalzparadies.de
Dierbach liegt im südöstlichen Zipfel des Pfälzer Weinanbaugebietes inmitten von Weinbergen. Es ist mit etwa 200 Hektar Rebfläche die größte Weinanbaugemeinde der Verbandsgemeinde Bad Bergzabern.
Sehenswürdigkeiten: Fachwerkhäuser, der Casselmanngarten, Kirche St. Anna
Feste: Feuerwehrfest am 1. Mai, Weinfest im Mai, Weinkerwe im August, Federweißenfest im Oktober
www.gemeinde-dierbach.de
Dörrenbach wird auch Dornröschen der Pfalz genannt. Auf die Frage nach dem Warum erhält man verschiedene Antworten: weil es recht verschlafen wirkt, sagen die einen, weil eine Menge Rosensträucher die Hauptstraße Dörrenbachs verschönern, sagen die anderen. Der traditionelle Winzerort hat immerhin um die 1.000 Einwohner, liegt nahe der Weinstraße im Pfälzerwald und er gehört wahrhaftig zu den schönsten Orten der Pfalz.
Sehenswürdigkeiten: historische Fachwerkbauten, das Rathaus von 1590, eine mittelalterliche Wehrkirchanlage, die Kolmerberg-Kapelle und der Aussichtsturm Stäffelesberg

Dörrenbach – Rathaus, erbaut Ende des 16. Jahrhundert

Feste: Dornröschenkrönung Anfang Juni, das Kastanienblütenfest Ende Juni, die Martinikerwe mit Umzug Anfang November und der Weihnachtsmarkt Mitte Dezember
www.doerrenbach.de

Gleiszellen-Gleishorbach. Ebenfalls eine anerkannte Fremdenverkehrsgemeinde mit etwa 850 Einwohnern. Vom Blickpunkt aus erhält man eine großartige Aussicht über die Rheinebene. Gleiszellen-Gleishorbach bietet eine Menge an gemütlichen Weinstuben.
Sehenswürdigkeiten: die historische Winzergasse, Fachwerkhäuser, die St. Dionysius-Kapelle
Feste: Kerwe am vierten Wochenende im August, Weinfest in der Winzergasse am zweiten Wochenende im September, Federweißer in der Winzergasse am dritten Wochenende im Oktober
www.gleiszellen-gleishorbach.de

Hergersweiler. Der kleine Ort im Erlenbachtal beheimatet etwa 220 Einwohner und viele Hofläden, die im Herbst Produkte aus heimischem Anbau anbieten.
Feste: Feuerwehrfest am ersten Wochenende im Juli, Kerwe am ersten Wochenende im September
www.hergersweiler.de

Gleiszellen-Gleishorbach – sonniges Fachwerkdorf, in dessen Gemarkung zehn Prozent aller deutschen Muskateller-Reben stehen

Kapellen-Drusweiler. Kapellen-Drusweiler ist mit über 1.000 Einwohnern eine etwas größere Gemeinde im schönen Erlenbachtal. Weinbau, Landwirtschaft und Handwerk prägen die Infrastruktur.

Sehenswürdigkeiten: historische Fachwerkhäuser und die Kirche mit Deckenmalerei

Feste: Kerwe am zweiten Wochenende im September

www.kapellen-drusweiler.de

Kapsweyer. Das Grenzlanddorf hat fast 1.000 Einwohner und liegt inmitten des Naturschutzgebietes zwischen Haardtrand und Bienwald. Ein Katzensprung weit nur ist es ins Elsass.

Sehenswürdigkeiten: die St.-Ulrichs-Kirche und deren Fresco, Brunnenplastik von Jürgen Goertz

Feste: Kerwe mit großem Straßenflohmarkt

www.kapsweyer.de

Klingenmünster. Klingenmünster hat um die 2.500 Einwohner und liegt unter der Burg Landeck. Von dort aus reicht der Blick weit ins Land, über Weinberge hinweg bis in die Oberrheinische Tiefebene.

Sehenswürdigkeiten: Burg Landeck, Klosterkirche, Ruine Heidenschuh, Ruine Schlössel, die spätromanische Nikolauskapelle und das Wingertshäuschen

Feste: Waldfest am 1. Mai, Landeckfest am letzten Juniwochenende, Weinfest am ersten Wochenende im August, Kerwe am letzten Wochenende im August
www.klingenmuenster.de

Niederhorbach. Inmitten von Weinbergen, Feldern und Wiesen liegt Niederhorbach. Der beschauliche Ort hat etwa 500 Einwohner und ist der Ausgangspunkt für viele Wanderrouten.
Sehenswürdigkeiten: Lehrwanderpfad *Wein und Natur*, Fachwerkhäuser, eine evangelische Kirche mit einer Stumm-Orgel
Feste: Weinkerwe am zweiten Wochenende im August, Brunnenfest im Mai
www.niederhorbach.de

Niederotterbach. Niederotterbach liegt im Otterbachtal. Das kleine Fachwerkdorf hat lediglich etwa 330 Einwohner, aber dennoch zwei Kirchen.
Sehenswürdigkeiten: katholische und evangelische Kirche, Fachwerkhäuser
Feste: Kerwe am zweiten Wochenende im September

Oberhausen
Mit etwa 500 Einwohnern liegt Oberhausen an der Südseite des Erlenbachtales. Bekannt ist das *Türmel*, das zinnengekrönte Uhrtürmchen des Rathauses. Das Gebäude wirkt dadurch fast sakral.
Sehenswürdigkeiten: Rathaus, Fachwerkhäuser
Feste: Maifeier, Kerwe am letzten Wochenende im August, Weinfest am vierten Wochenende im Juli, Federweißenfest am vierten Wochenende im September

Oberotterbach. Die staatlich anerkannte Fremdenverkehrsgemeinde hat etwa 1.300 Einwohner und liegt direkt an der Deutschen Weinstraße, fünf Kilometer nördlich von Bad Bergzabern. Sie ist Ausgangspunkt für Wanderungen durch weitläufige Weinberge.
Sehenswürdigkeiten: Pfarrhaus (Ahnhaus der englischen und spanischen Krone), Schlössel (ein Amtsgebäude aus dem Spätbarock), die Pfarrkirche und der Waldgeisterweg

Kein Kirchturm, sondern das »Türmel« des Rathauses von Oberhausen
Seiten 46/47 Birnenblüte in Oberotterbach

Feste: Weinfest an Pfingsten, Kerwe am ersten Wochenende im September, Fest des Federweißen am letzten Wochenende im September
www.oberotterbach.de

Steinfeld – über eine Million Kakteen zeigt das Kakteenland, und das bei freiem Eintritt

Oberschlettenbach. Die Wasgaugemeinde liegt ruhig und idyllisch im südöstlichen Teil des Pfälzerwaldes, abseits des großen Trubels.
Sehenswürdigkeiten: Fachwerkhäuser, Burgruine Lindelbrunn
Feste: Kerwe am ersten Wochenende im September
www.oberschlettenbach.de

Pleisweiler-Oberhofen. Mit seinen gut 900 Einwohnern liegt Pleisweiler-Oberhofen direkt an der Deutschen Weinstraße.
Sehenswürdigkeiten: historische Wappenschmiede aus dem 16. Jahrhundert, Barockkirche, Glasfenster von Ada Isensee in der evangelischen Kirche, historische Fachwerkhäuser
Feste: Kerwe am ersten Wochenende im September, Fest des Federweißen am zweiten Wochenende im Oktober
www.pleisweiler-oberhofen.de

Schweighofen. Die kleine Grenzlandgemeinde hat fast 600 Einwohner und liegt direkt an der Grenze zu Frankreich.
Sehenswürdigkeiten: historische Fachwerkgebäude, katholische Kirche
Feste: Kerwe am ersten Wochenende im September

Steinfeld liegt am Rande des Bienwaldes in reizvoller Landschaft und hat um die 2.000 Einwohner.
Sehenswürdigkeiten: Kakteenland Steinfeld mit über eine Million Kakteen und Sukkulenten auf 7.000 Quadratmeter, Westwallanlage mit Höckerlinie und Panzergraben
Feste: Steinfelder Fasching, Froschfest am dritten Wochenende im Juni, Heidelbeerfest am ersten Wochenende im Juli, Kulturwochenende im November, Weihnachtsmarkt am ersten Adventssonntag
www.steinfeld-pfalz.de

Vorderweidenthal. Ein ruhiger Ort mit gut 700 Einwohnern ist Vorderweidenthal und liegt mitten im Pfälzerwald. Ausgangspunkt für Wanderungen.
Sehenswürdigkeiten: Burgruine Lindelbrunn, Kletterfelsen Rödelstein
Feste: Kerwe am dritten Wochenende im Oktober
www.vorderweidenthal.de

oben Der Kletterfelsen Rödelstein in Vorderweidenthal
unten Vorderweidenthal – dramatisches Wetter über der Ruine Lindelbrunn

IN UND UM LANDAU IN DER PFALZ

Landau – die Adler-Apotheke wurde 1754 erbaut

LANDAU-STADT – DIE CHARMANTE URLAUBSVERFÜHRERIN

Landau liegt nicht direkt an der Weinstraße und stellt dennoch so etwas wie ihren Mittelpunkt dar. Viele melodische Namen werden der alten Festungsstadt mit 43.000 Einwohner gegeben: Universitätsstadt, Wein- und Gartenstadt, Markt- und Shoppingstadt. Keine Frage, Landau ist eine liebenswerte Stadt zum Leben, zum Einkaufen, zum Studieren und zum Flanieren. Eine Menge an kulturellen Veranstaltungen wird geboten, zum Beispiel Klassisches und Modernes in der weithin bekannten Jugendstil-Festhalle. Einen Zoo gibt es, nur fünf Minuten vom Stadtzentrum mit immerhin 600 Tieren. Ein wahrhaftiger Prachtbau im Art-déco-Stil ist die städtische Galerie Villa Streccius, in welcher zeitgenössische Kunst in Wechselausstellungen präsentiert wird. Im Strieffler-Haus, einer Jugendstilvilla in städtischem Besitz, kommen Werke meist verstorbener Pfälzer Künstlerinnen und Künstler zur Geltung. Vom dreigeschossigen Vierflügelbau des Frank-Loebsches-Hauses stammen die ältesten Teile noch aus der Gotik. Rundum laufende Holzgalerien fassen den Innenhof auf zwei Etagen ein und sorgen für ein ganz besonderes Ambiente. Die Nutzung ist der Begegnung und der Kommunikation gewidmet. Neben der ständigen Ausstellung über die Geschichte der Juden in

Landau werden wechselnde Ausstellungen in den Bereichen regionaler Kunst und Kulturgeschichte sowie Vorträge und Konzerte geboten. Das Alte Kaufhaus dient heute als Kulturzentrum. Es wurde seit dem Mittelalter bis in die Neuzeit genutzt, um den von der Stadt überwachten und besteuerten Zwischenhandel zu verwalten. Im Erdgeschoss sind die Woll-, Safran- und Fruchtwaagen sowie Eichgerätschaften zu begutachten.
Ein Superlativ vereint Landau noch auf sich: Es ist die größte Weinanbaugemeinde Deutschlands. Zusammen mit den acht Stadtteilen, alles Winzerdörfer mit mindestens 1.200-jähriger Geschichte, werden in Landau über 2.000 Hektar Rebfläche bestellt.
Sehenswürdigkeiten: historischer Stadtkern rund um den Rathausplatz, Reste der französischen Festungsanlagen mit dem Deutschen und dem Französischen Tor, die katholische Augustinerkirche mit ihrem beeindruckenden Kreuzgang, die katholische Pfarrkirche St. Maria, die evangelische Stiftskirche, die Katharinenkapelle und die Jugendstilfesthalle
Feste: Maimarkt (Ende April / Anfang Mai), Landauer Sommer am zweiten Juliwochenende, Herbstmarkt mit Weindorf am zweiten Wochenende im September, Fest des Federweißen am dritten Wochenende im Oktober und schließlich der Nikolausmarkt vom Donnerstag vor dem 1. Advent bis zum 4. Advent
www.landau.de
Die Stadt Landau ist eingerahmt von ihren acht Ortsteilen: Arzheim, Dammheim, Godramstein, Mörlheim, Mörzheim, Nußdorf, Queichheim und Wollmesheim. Weinberge und Tabakfelder umsäumen die nachfolgend vorgestellten Dörfer und bewahren sie so vor einer städtischen Zersiedlung.
Landau-Arzheim. In der 1.700-Seelen-Gemeinde Arzheim steht die Kleine Kalmit, eines der bedeutendsten Naturdenkmale der Pfalz. Die Kleine Kalmit ist eine 270 Meter hohe Kalkscholle. Hier wachsen Orchideenarten und seltene Vertreter der Kalkflora wie Küchenschelle und Enzian.
Sehenswürdigkeiten: die ehemalige bischöfliche Amtskellerei, die Kirche St. Georg
Feste: Weinkerwe am dritten Wochenende im August
www.arzheim.de
Landau-Dammheim. Die Entstehung des Ortes mit etwa 1.000 Einwohnern dürfte in die Zeit der fränkischen Landnahme um das Jahr 600 herum fallen. Eine Marienkirche zu Dameheim wird 1261 erstmals erwähnt. Dammheim war seit dem Mittelalter eng mit Landau verbunden und wurde 1972 eingemeindet. Im Osten Dammheims entstand ein großes Neubaugebiet.
Sehenswürdigkeiten: Erdölförderung (seit 1957)
Feste: Kerwe am dritten Wochenende im August
www.dammheim.com
Landau-Godramstein. Godramstein entwickelte sich zur Vorstadt Landaus und hat zirka 3.000 Einwohner. Aus dem Landauer »Künstlerdorf« mit dem »Schlössel« des Impressionisten Max Slevogt stammen auch die Maler Hermann Jürgens und Adolf Kessler. Der altbekannte Weinbauort ist auch Ausgangspunkt für ausgedehnte Wanderungen durch die Weinberge oder im nahegelegenen Pfälzerwald.

JÖRG
JÖRG
DROGERIE

Seiten 52/53 Landau – Rathausplatz, links im Bild das Alte Kaufhaus aus dem Mittelalter und die Statue des bayerischen Prinzregenten Luitpold
oben Landau – finster wirkt das Deutsche Tor, das Teil der französischen Festung (1688–1691) war

Sehenswürdigkeiten: Pfarrkirche mit barocker Saalanlage und Fresken, katholische Kirche St. Pirminius (bei der die Innenausstattung der 1737 erbauten barocken Margareta-Kirche verwendet wurde), das Slevogt-Schlössel

Feste: Kerwe am zweiten Wochenende im August

Weinlagen: Königsgarten und Klostergarten

Landau-Mörlheim. Der Weinort ist auch durch seine Tabakkulturen bekannt. An die Vergangenheit des Dorfes als Wallonensiedlung erinnert noch ein Fachwerkhaus von 1648. Das etwa zwei Kilometer lange Straßendorf mit gut 900 Einwohnern ist eine fränkische Ansiedlung und wird um das Jahr 800 als Merlunghaim in einer Schenkungsurkunde des Klosters Fulda erwähnt. Darin ist verbrieft, dass ein gewisser Acubto dem Kloster eine größere Anzahl von Männern aus südpfälzischen Orten schenkt.

Sehenswürdigkeiten: Fachwerkhaus von 1648 als Zeugnis der ehemaligen Wallonensiedlung, die katholische Pfarrkirche St. Martin, die evangelische Kirche und der Tabakanbau

Feste: Kerwe ist am dritten Wochenende im September

Landau-Mörzheim. Das Winzerdorf Mörzheim liegt eingebettet in fast 400 Hektar Weinberge. Mittelpunkt des hübschen Winzerortes mit seinen etwa 1.150 Bürgern bildet der Dorfbrunnen mit Rathaus und der evangelischen Kirche. Funde römischer Münzen lassen vermuten, dass hier einst

eine römische Siedlung bestand. Ums Jahr 500 ließ sich hier vermutlich ein Sippenführer Namens Morin nieder. Erstmals wurde der Ort 724 im Besitzverzeichnis *Traditiones Possesionesque Wizenburgenses* erwähnt. Der heutige Name Mörzheim taucht zum ersten Male im Jahre 1828 auf.
Sehenswürdigkeiten: Holzkelter aus dem Jahr 1711, historisches Rathaus mit Dorfbrunnen, die evangelische Kirche
Feste: Kerwe am letzen Wochenende im Juli
www.moerzheim.de

Landau-Nußdorf ist ein Weindorf mit Geschichte, denn 1525 begann hier der pfälzische Bauernkrieg. Der Name ist wohl auf die vielen Walnussbäume zurückzuführen. Die älteste Nennung stammt bereits aus dem Jahre 802 in der Urkunde *Codex Diplomaticus Fuldensis* des Klosters Fulda. Nußdorf hat etwa 1.450 Einwohner und insgesamt 500 Hektar Rebfläche. Auf dem Friedhof befindet sich die Ruhestätte von Johann Georg Lehmann (1797–1876), Geschichtsschreiber der Pfalz und Pfarrer in Nußdorf.
Sehenswürdigkeiten: das »Bauernkriegshaus«, das an den Bauernkrieg (1524–26) erinnert, die protestantische Pfarrkirche mit dem frühgotischen Altar und den Wandmalereien, römischer Viergötterstein, Dürer´sches Bauernkriegsdenkmal
Feste: Weinkerwe im Schulhof und in den Winzerhöfen am ersten Wochenende im August, Nacht der offenen Weinkeller
www.landau-nussdorf.de

Landau-Queichheim. Dieser größte Stadtteil von Landau hat zirka 3.700 Einwohner, und man sieht dem Ortskern und insbesondere der evangelische Kirche im Stil des »Bauernbarock« an, in welchem Wohlstand die Bürger einst lebten. Aus Queichheim stammen der Maler Heinrich Jakob Fried (1802–1870) und der vom bayerischen König Maximilian I. geadelte Jurist Johannes von Birnbaum (1763–1832). Er schrieb die Geschichte der »Stadt- und Bundesfestung Landau«.
Sehenswürdigkeiten: historischer Ortskern, die evangelische Kirche und die dreischiffige katholische Pfarrkirche Mariä Himmelfahrt aus dem Jahre 1926
Feste: Kerwe am ersten Wochenende im September
www.queichheim.de

Landau-Wollmesheim. Reizvoll liegt der kleine Ort mit zirka 800 Einwohnern im Südwesten Landaus und hat etwas Besonderes zu bieten: den wahrscheinlich ältesten Kirchturm der Pfalz. Bereits 1040 wurde die Kirche von Bischof Disobodo zu Speyer eingeweiht. 1095 kam der gedrungene und mit einem romanischen Spitzhelm versehene Turm hinzu. Von der Kurpfalz und vom Deutschen Reich für kurze Zeit getrennt, kam der Ort erst durch den 2. Pariser Frieden ab 1816 unter bayerische Verwaltung. Seit 1972 ist Wollmesheim ein Stadtteil Landaus und wurde 1968 und 1971 Preisträger des Wettbewerbes *Unser Dorf soll schöner werden.*
Weitere Sehenswürdigkeiten: Historische Fachwerkhäuser
Feste: Weinfest der Landjugend am 1. Mai, Weinkerwe am vierten Augustwochenende
www.landau-wollmesheim.de

LANDAU-LAND – DIE URLAUBS-INSEL IM MEER DER REBEN

Nicht ohne Grund wird diese Region *Toskana Deutschlands* genannt. Zwar sind es »nur« hohe Pyramidenpappeln die inmitten der sanften Hügel stehen, optisch gleichen sie jedoch den Zypressen Mittelitaliens. Tatsächlich ist diese Gegend um Landau herum vortrefflich geeignet, Urlaub in südländischem Flair zu verbringen. Weinstuben, Hotels und Gasthäuser freuen sich darauf, erholungsbedürftige Gäste zu verwöhnen. 14 einladende Winzerdörfer gehören zum Landau-Land, die nachfolgend vorgestellt werden:

Billigheim-Ingenheim. Als älteste Ansiedlung in der Südpfalz findet Billigheim-Ingenheim bereits 693 die erste urkundliche Er-

oben Landau-Wollmesheim – umzingelt von Rebstöcken
unten In Landau-Wollmesheim steht der älteste Kirchturm der Pfalz, erbaut 1095
rechte Seite Willkommen in Billigheim. Das Obere Tor war einst Teil der mittelalterlichen Stadtbefestigung

wähnung. Der Ort mit etwa 4.000 Einwohnern besaß sogar von 1450 bis 1806 Stadtrechte. Relikte der mittelalterlichen Stadtbefestigung bezeugen noch heute eine bedeutende Vergangenheit, etwa das Obere Tor, das Wahrzeichen von Billigheim. Hier findet der Purzelmarkt statt, das älteste Volksfest des Landes. Ingenheim leitet seinen Namen von Ingo ab, einem Franken. Einer großen Freizeitanlage mit Schwimmbad ist ein Campingplatz mit 90 Stellplätzen angegliedert.

Zu der Gemeinde Billigheim-Ingenheim gehören auch die Ortsteile Appenhofen und Mühlhofen. Appenhofen wird urkundlich erstmals 774 n. Chr. als *Abbenhoua* erwähnt. Das Kloster Klingenmünster übereignete die Siedlung dem Rittergeschlecht der Herren von Appenhofen. Ein Simultankirchlein wird sowohl von den evangelischen als auch von den katholischen

Bürgern genutzt. Mühlhofen findet 991 seine erste Erwähnung, und zwar in den Zehntbüchern des Klosters Weißenburg im Elsass.
Sehenswürdigkeiten in Billigheim: verschiedene historische Fachwerkhäuser, Oberes Tor, spätgotische Kirche St. Martin
Sehenswürdigkeiten in Ingelheim: stattliche Bürgerhäuser, evangelische und katholische Kirche, jüdischer Friedhof
Feste: Appenhofen: Kerwe am ersten Wochenende im Juli. Billigheim: Purzelmarkt am dritten Wochenende im September, Kerwe am letzen Wochenende im August. Mühlhofen: Kerwe und Weinfest am letzten Wochenende im Juli
www.billigheim-ingenheim.de

Birkweiler, erstmals 1285 urkundlich erwähnt, liegt am Fuße des Hohenbergs (556 Meter mit Aussichtsturm) und ist ein typischer Weinort an der Deutschen Weinstraße. 1999 wurde Birkweiler mit seinen malerischen Fachwerkhäusern mit der Goldplakette des Landes beim Wettbewerb *Unser Dorf soll schöner werden* geehrt. Etwa 700 Einwohner leben in diesem als beliebtes Ausflugsziel weithin bekannten Ort. Beim Schlendern durch die Gassen findet man sich inmitten malerischer Torbögen wieder und wird von liebenswürdigen Menschen in nette Gespräche verwickelt. Wie in allen Orten an der Weinstraße eben.
Sehenswürdigkeiten: historische Stein- und Fachwerkhäuser im gut erhaltenen Dorfkern, zwei Pfarrkirchen, Aussichtsturm Hohenberg, Anlage *Bäume des Jahres*
Feste: Weinfrühling im Mai, Weinfest am letzten Wochenende im Juli, Kerwe am letzten Sonntag im August
Weinlagen: Keschdebusch, Mandelberg und Rosenberg. Birkweiler gilt als Rieslinghochburg der Südlichen Weinstraße
www.birkweiler.de

Böchingen wird schon in der Römerzeit erwähnt. Die Ritter von Zeiskam ließen hier, wie es in den alten Urkunden heißt, auf dem »schönsten Fleck« ein Schloss erbauen. Heute befindet sich in ihm die Sektkellerei Schloss Wachenheim. Das *Haus der Südostdeutschen* im fast 800 Einwohner zählenden Böchingen ist Begegnungsstätte und Museum mit Erinnerungsstücken der aus der Batschka und dem Banat umgesiedelten Pfälzer. Urlauber finden schöne Wander- und Fahrradwege rund ums Dorf, zum Beispiel einen renaturierten Bachlauf in der Ortslage mit Brücken und Stegen (Klein-Venedig).
Sehenswürdigkeiten: das Schloss aus dem 18. Jahrhundert, die evangelische Kirche St. Bartholomäus mit einer beeindruckenden Rokoko-Orgel, der Gedenkstein Thingstuhl der Mittelhaingeraide
Feste: Kerwe am zweiten Wochenende im August, großer Faschingsumzug am Faschingssonntag
Weinlagen: Rosenkranz
www.boechingen.de

Eschbach. Da wo Wasgau und Rheinebene zusammentreffen, liegt am Fuße des Rotenbergs das etwa 700 Einwohner zählende Winzerdorf Eschbach. Es wird erstmals 1254 in einer Urkunde des

Seiten 58/59 Die Natur malt die schönsten Bilder – Birkweiler in einer grandiosen Abenddämmerung
oben Birkweiler, das erstmals 1285 urkundlich erwähnt wurde – Weinfest zum 725-jährigen Jubiläum

Klosters Eußerthal als Eschibach genannt. Das idyllische Eschbach ist geschichtlich aufs engste mit der Madenburg verbunden. Ausgeschilderte Walkingrouten sowie Fahrradwege führen hinein in den Pfälzer Wald. Der *Eschbacher Esel* ist ein sympathischer Botschafter der Qualitätsweinbaugemeinde und der Spitzname der Eschbacher. Insgesamt 29 dieser lebensgroßen Plastiken sind im Ort anzutreffen. Große und kleine Künstler gestalteten die Esel liebevoll und mit viel Phantasie.
Sehenswürdigkeiten: Burgruine Madenburg mit Burgmuseum, Renaissancehäuser, ein spätgotischer Dorfbrunnen, die katholische Kirche St. Ludwig und der Rundweg *Eschbacher Eselei*, der künstlerisch gestaltete Eschbacher-Rutsch-Brunnen
Feste: Eschbacher Weintage an Himmelfahrt, Weinfest mit Eselmarkt am zweiten Wochenende im August, Eselkerwe am ersten Novemberwochenende
www.eschbach-pfalz.de

Frankweiler. Dieses »Rieslingdorf« an der Deutschen Weinstraße ist 1249 als *Frankwilre* erstmals urkundlich erwähnt, hat knapp über 900 Einwohner und ist staatlich anerkannter Fremdenverkehrsort. Es ist eines der ältesten Frankengründungen in der Pfalz. 1992 wurde Frankweiler Landessieger im Wettbewerb *Unser Dorf soll schöner werden*. Vom Oberteil des Dorfes hat man einen weiten Ausblick in die oberrheinische Tiefebene, den Odenwald, Schwarzwald bis hin zum Straßburger Münster nach Frankreich. Deshalb wird Frankweiler als »Balkon der Südlichen Weinstraße« betitelt. Als 1786 eine Bestandsaufnahme der Rebflächen durchgeführt wurde, konnte Frankweiler stolze 274 Morgen vorweisen und lag damit an zweiter Stelle aller Siedlungen der Oberhaardt,

Bei Eschbach – Blick zur Ruine Madenburg. Diese Burg wurde wohl im 11. Jahrhundert gegründet, sicher ist ihre endgültige Zerstörung durch die Franzosen im Jahre 1689

der heutigen Südlichen Weinstraße. Insbesondere das Kloster Eußerthal wurde, alten Urkunden nach, von 1249 bis 1319 mit Wein beliefert. Der alte romantische Weinort wird von dem 447 Meter hohen bewaldeten Ringelsberg mit seinem weithin sichtbaren Sandsteinbruch im Westen überragt und hat seinen dörflichen Charakter bewahrt. Von allen Ortschaften der gesamten Weinstraße hat Frankweiler die meisten alten Ortsbrunnen aufzuweisen.

Sehenswürdigkeiten: historische Steinhäuser aus dem 18. und 19. Jahrhundert, evangelische Kirche St. Georg, Gedenkstein Dagobertshecke und die Burgruine Scharfeneck

Feste: Fest des Federweisen am letzten Wochenende im Oktober

www.frankweiler.de

Göcklingen hat fast 1.000 Einwohner und ist wahrscheinlich, wie die übrigen Dörfer, die auf *-ingen* enden, zwischen 450 und 600 von den Alemannen gegründet worden. Die ältesten Funde deuten jedoch auf eine Besiedelung bereits in der Mittelsteinzeit. In Göcklingen, das von den Reichsfesten Landeck und Neukastel flankiert wird, verdienen noch zwölf Weingüter ihr Geld mit dem Rebensaft. Etabliert im Ort hat sich auch eine pfälzisch-bayerische Hausbrauerei. Zum ersten Mal geschichtlich erwähnt wird der Name *Geckelingin* in einer Schenkungsurkunde aus dem Jahre 1254. Die heutige Schreibweise taucht erstmals 1492 auf. 1994 wurde Göcklingen der Preis für weinstraßengerechte Dorferneuerung zuerkannt. Im Jahre 2001 wurde die Winzergemeinde Sieger bei *Unser Dorf soll schöner werden.* Der Heimatdichter August Becker schreibt: »Die Göcklinger sind ein lustiges Völkchen.« Wie Recht er damit hat, bekommt der Gast mit, wenn die heimische Musikkapelle zu den Weinfesten aufspielt.

Sehenswürdigkeiten: historische Fachwerkhäuser, eine evangelische und eine katholische Kirche, historisches Rathaus, Biotopweiher *Alte Tongrube*
Feste: Weinfest am dritten Wochenende im Juni, Kerwe am dritten Wochenende im August
Wein: 460 Hektar Rebfläche. Die Spezialität ist, neben vorzüglichen Rot- und Weißweinen, die Sektgärung nach der Méthode champenoise
www.goecklingen.de

Heuchelheim-Klingen. Zwar sind sich die *Heuchelheimer Füchse* und die *Klingener Atzeln* (Elstern) nicht in allem einig, was ihre rund 900 Seelen zählende Doppelgemeinde betrifft, gewiss aber darin, dass die beiderseits des Klingbachs liegenden Ortschaften zu den schönsten der Südpfalz gehören. Heuchelheim wird bereits 795 in den Lorscher Urkunden *Huchilinheim* genannt. Im Laufe der Zeit wandelte sich der Name zum heutigen Heuchelheim. Klingen wird urkundlich zum ersten Male im

Im Rieslingdorf Frankweiler plätschern mehr Ortsbrunnen als in allen anderen Gemeinden der Weinstraße

Die fränkische Siedlung Ulvinsheim wurde 760 erstmals erwähnt und heißt heute Ilbesheim
rechts Das Renaissance-Rathaus in Heuchelheim. Das Dorf wurde schon im Jahr 795 erstmals erwähnt

Jahre 1060 genannt. Das Dorf bekam seinen Namen vom Klingbach. Die evangelische Kirche ist bekannt durch die älteste bespielbare Orgel der Pfalz.

Sehenswürdigkeiten in Heuchelheim: das Renaissance-Rathaus mit Arkaden, eng aneinander gereihte historische Fachwerkhäuser aus dem 16. und 17. Jahrhundert, evangelische Kirche St. Oswald

Sehenswürdigkeiten in Klingen: evangelische Kirche St. Georg, historische Hammerschmiede

Feste: Weinfest am zweiten Wochenende im Juli, jährlich abwechselnd in Heuchelheim und in Klingen, Kerwe in Heuchelheim am zweiten Augustwochenende, Rotweinkerwe in Klingen am ersten Wochenende im September, Herbschtwächelfeschd am dritten Wochenende im Oktober

www.heuchelheim-klingen.de

Ilbesheim. Dem Motto *Verlieb' dich in Ilbesheim* darf ruhig gefolgt werden. Trotz der fast 1.200 Einwohner bleibt die staatlich anerkannte Fremdenverkehrsgemeinde überschaubar. Ilbesheim wurde im Jahre 760 erstmals als fränkische Siedlung *Ulvinsheim* urkundlich erwähnt. Die Besitzer Ilbesheims wechselten sich in den vergangenen Jahrhunderten ab: Kloster Weißenburg, Kloster Eußerthal, Herzogtum Pfalz-Zweibrücken, Oberamt Bergzabern und schließlich Amt Neukastel. Von 1739 bis 1813 stand Ilbesheim unter französischer Herrschaft und wurde danach – zusammen mit der übrigen Pfalz – Bayern einverleibt. Erwähnenswert ist, dass am 7. November 1704 im Rathaus von Ilbesheim ein Friedensvertrag zwischen Bayern und Österreich geschlossen wurde. Die in Ilbesheim ansässige Gebietswinzergenossenschaft *Deutsches Weintor* ist eine der größten weinbaugenossenschaftlichen Unternehmen in Deutschland. Ilbesheim ist auch bekannt für zahlreiche Brennereien, die ganz außergewöhnliche Destillate erzeugen.

Erlebnistag
Deutsche Weinstraße
29.08.2010 10-18h
B 38
B 48
frei
Zufahrt frei bis
Klingenmünster
Konditorei
Bäckerei

Ilbesheims größtes Weinfest ist das Kalmitfest an der Affenschaukel, einem Weinbergweg unterhalb des Gipfels der Kleinen Kalmit

Sehenswürdigkeiten: historische Winzerhäuser, das eindrucksvolle Rathaus von 1558, Safrananbau, historische Weinbergsanlage Kalmitwingert und das Naturschutzgebiet Kleine Kalmit
Feste: Kalmitfest an der Affenschaukel – ein Weinfest am letzten Wochenende im Juli, Kerwe am ersten Wochenende im September
Wein: Ilbesheim ist berühmt für seine Weißburgunder Weine und lobt alljährlich den begehrten Weißburgunderpreis aus.
www.ilbesheim.de

Impflingen. Emphilo hieß der fränkische Höfling, der sich im 6. Jahrhundert hier nieder ließ und dem *Emphelingen* seinen Namen verdankt. Der Ort wurde 1135 erstmalig in einer Urkunde des Klosters Klingenmünster erwähnt. Nicht immer war Impflingen das Glück hold; wiederholt haben die grenznahen Kriege zur Entvölkerung des Ortes geführt. In ganz besonderem Umfang während des Dreißigjährigen Krieges. Diese Verluste konnten jedoch durch die Zuwanderung von Religionsflüchtlingen aus der Schweiz zum großen Teil aufgefangen werden. Heute leben etwa 830 Menschen hier. Hinter einer zunächst unscheinbaren Fassade erweist sich Impflingen als lebendige, moderne und liebenswerte Weinbaugemeinde.
Sehenswürdigkeiten: historische Fachwerkhäuser, die evangelische Kirche St. Ägidius und das schöne alte Rathaus mit der Arkadenhalle
Feste: Fest der Vereine am dritten Wochenende im Juni, Weinfest am dritten Wochenende im August, Tag der offenen Keller am ersten Wochenende im Oktober und die Kulinarische Weinprobe im Frühjahr
www.impflingen.de

Leinsweiler. Leinsweiler hat nur gut 400 Einwohner, ist aber mit rund 50.000 Übernachtungen

Impflingen – Weinfest auf dem Weingut Heißer

pro Jahr eine der Hochburgen des Fremdenverkehrs der Südpfalz. Das über 1.200 Jahre alte Winzerdorf ist seit Mai 1994 staatlich anerkannter Erholungsort. Leinsweiler verfügt über 64 Kilometer markierte Rundwanderwege im Naturpark Pfälzer Wald und ist Ausgangspunkt erlebnisreicher Radtouren. »Leinsweiler, eine Perle der Südpfalz« und »Leinsweiler, der Fotoliebling der Südlichen Weinstraße«, so sollen die Gäste schwärmen.

Sehenswürdigkeiten: romantische Fachwerkhäuser, Winzerhöfe und Weinkeller, das Rathaus mit Arkadenhalle (1619), der Drei-Röhren-Brunnen (1581) und die aus dem 13. Jahrhundert stammende Martinskirche mit der Klais-Orgel, der Slevogthof mit Wand- und Deckengemälden des berühmten Impressionisten Max Slevogt

Feste: Brunnenfest am dritten Juliwochenende, Weinfest am dritten Wochenende im August, im Herbst die Leinsweilerer Musikwochen in der Martinskirche

Wein: In der Weinlage Sonnenberg wachsen hauptsächlich die Rebsorten Riesling, Ruländer, Huxelrebe und Spätburgunder.

www.leinsweiler.de

Knöringen. Erstmals urkundliche Erwähnung findet die zirka 475 Einwohner zählende Gemeinde im Jahr 775 unter der Bezeichnung *Cnoringen* im Codex des Klosters Lorsch. Der Ort entstand als fränkische Siedlung im 6. Jahrhundert.

Sehenswürdigkeiten: die evangelische Kirche und die katholische Kirche St. Philipp und Jakob

Feste: Kerwe am dritten Wochenende im Mai, Weinfest am zweiten Wochenende im Juni

Ranschbach. In reizvoller Landschaft liegt das »Seligmacher-Dorf« Ranschbach. Direkt an die berühmte Weinlage Seligmacher schließen sich imposante Kastanienwälder an. Um 1205 gehörte Ranschbach zur Herrschaft Madenburg. Schon 1225 besaß das Dorf Gericht und Siegel. Im Mittel-

oben Offensichtlich war im Jahr 760 die Freifrau Landswinda betört von dieser idyllischen Landschaft und gründete darum das Dorf, das heute Leinsweiler heißt
unten Willkommen in Ranschbach

alter war Ranschbach im Besitz der Bischöfe von Speyer. In der Nähe des Ortes befindet sich die Wallfahrtsstätte *Zu Unserer Lieben Frau am Kaltenbrunn*, deren Geschichte bis in das 13. Jahrhundert zurückreicht. Der Weg dorthin führt durch das romantische Rosental. Ranschbach hat etwa 650 Einwohner.

Sehenswürdigkeiten: die aus dem 15. Jahrhundert stammende Pfarr- und Wallfahrtskirche Mariä Heimsuchung, die Wallfahrtsstätte mit dem Lourdes-Brunnen und die freigelegten Fundamente der Kapelle aus dem 12. und 13. Jahrhundert

Feste: Häckerweinfest am dritten Augustwochenende, Kerwe am zweiten Wochenende im September

www.ranschbach.de

Siebeldingen ist ein uralter Weinbauort mit knapp 1.100 Einwohnern und als solcher 772

oben Siebeldingen – Blick zwischen zwei Kirschbäumen hindurch zum Geilweilerhof, der das Institut für Rebenzüchtung beherbergt, eines der 15 Institute des renommierten Bundesforschungsinstituts für Kulturpflanzen
unten Fachwerkhäuser in Siebeldingen, das schon 772 erstmals erwähnt wurde

erstmals in einer Urkunde des Klosters Lorsch erwähnt. Der Name Siebeldingen deutet darauf hin, dass in der Zeit der Völkerwanderung eine alemannische Sippe von Siebelt hier sesshaft wurde. Das international bekannte und anerkannte Bundesforschungsinstitut für Kulturpflanzen betreibt in Siebeldingen das Institut für Rebenzüchtung Geilweilerhof. Insgesamt leben im Dorf 13 Betriebe ausschließlich vom Weinanbau. Einige von ihnen werden regelmäßig zu überregionalen Weinpreisträgern.

Sehenswürdigkeiten: Ortskern mit historischen Fachwerkhäusern, zum Teil mit charakteristischen Freitreppen und die Simultankirche St. Quintinius

Feste: Sigibaldusmesse am zweiten Wochenende im April, Kerwe am dritten Juniwochenende

www.siebeldingen.de

Walsheim ist ein gastliches Winzerdorf mit etwas über 500 Einwohnern. Es liegt im Hainbachtal; die Weinberge reichen bis fast an die schmucken Häuschen heran. Erstmals wird Walsheim in einer Schenkungsurkunde des Klosters Lorsch im Jahre 769 urkundlich erwähnt. Die ursprüngliche Ortsbezeichnung war *Walahesheim*. Vermutlich handelt es sich um eine fränkische Siedlung, der ein Geschlecht mit dem Namen Walah den Namen gegeben hat.

Sehenswürdigkeiten: das fränkische Plattengrab

Feste: Weinfest am dritten Wochenende im Juli

HERXHEIM UND DRUM HERUM – WO WEIN UND TABAK KONKURRIEREN

Der Wandersmann kann sich entscheiden: Wählt er seine Strecke entlang grüner Tabakfelder mit ihren mächtigen Stauden oder zieht er lieber die sanften Hügel der Weinberge vor. Als Ziel bietet sich in den Gemeinden Herxheim, Herxheimweyher, Insheim und Rohrbach in jedem Fall eine Einkehr an. Ob er sich zum rustikalen Pfälzer Vesper an einen blanken Holztisch setzt oder die weiße Tischdecke der Haute Cuisine vorzieht, sei seinem Geschmack und Geldbeutel überlassen. Bekannt sind Herxheim und die Ortschaften drum herum für beides, für die hohe Kunst des Kochens und für urgemütliche Weinstuben. Aber nicht nur der Gourmet wird in dieser Region begeistert sein. Ein engagiertes Volkstheater zeigt mit seinen Aufführungen Heimatverbundenheit, und die bestehende Kunstszene bietet ein umfangreiches Programm durchs ganze Jahr hindurch. Tabak, der hier geerntet und weiterverarbeitet wird, erfreut den Zigarrenliebhaber. Herxheimer Zigarren und Zigarillos haben längst eine große Fangemeinde. Berühmt ist Herxheim aber auch wegen des Pferdesports. Das hoch dotierte Sandbahnrennen lockt die Besucher von weit her an.

Herxheim mit Ortsteil Hayna. Die Verbandsgemeinde Herxheim ist ein traditionsreiches Tabakdorf mit 10.500 Einwohnern. Nur wenige Kilometer sind es an den Rhein mit seinen beschaulichen Auen und Altarmen. Auch der Pfälzer Wald ist schnell zu erreichen. Herxheim bietet dem Gast allerhand. Ein beheiztes Waldfreibad mit einer Riesenrutsche etwa, Kutschfahrten oder eine Kapellenrundfahrt. Das Chawwerusch-Theater ist überregional bekannt, ein Besuch ist immer ein

Herxheim bei Landau – Brunnen bei der Villa Wieser

besonderes Erlebnis. In der Villa Wieser finden regelmäßig Ausstellungen und Open-Air-Konzerte statt. Auch Wanderer und Radfahrer kommen voll auf ihre Kosten. Der Ortsteil Hayna erhielt 1983 die Goldmedaille bei *Unser Dorf soll schöner werden.*

Sehenswürdigkeiten: historische Fachwerkhäuser, katholische Pfarrkirche, Villa Wieser mit Dorfbrunnen, Gasthaus mit Theatersaal, traditionelle Tabakschuppen, Tabakbrunnen in Hayna, Kapellenkranz rund um Herxheim mit insgesamt acht Kapellen, internationale Sandbahnrennen und Pferderennen, das Museum Herxheim mit der ständigen Ausstellung zur Jungsteinzeit und Wechselausstellungen

Feste: Frühlingsmarkt im Mai, Kunstschulfeste im Juni und Dezember, Tabak-Kultur-Fest im Juli, Theaterfest Ende September, St. Gallusmarkt im Oktober

www.herxheim.de

Herxheimweyher. Das Bauern- und Tabakdorf Herxheimweyer hat etwa 540 Einwohner. Im Nachbarort Rülzheim hat sich in den vergangenen Jahren eine Straußenfarm etabliert. Ein Besuch dort lohnt sich zu jeder Jahreszeit. Die Straußenküken erobern jedes Herz.

Sehenswürdigkeiten: historisches Rathaus und Fachwerkhäuser, St.-Antonius-Kirche, Kapelle, Tabakschuppen

Feste: Kirchenpatronsfest am Sonntag nach Antonius

Insheim. Insheim mit seinen etwa 2.200 Einwohnern ist ein typischer Weinort und eine moderne Wohngemeinde zugleich. Funde aus der *Rössener Kultur* belegen, dass hier bereits 2.500 Jahre v.

Brotzeit in den Weinbergen
rechts Straußenfarm in Rülzheim, einem Nachbardorf von Herxheimweyher

Chr. eine lebhafte Gemeinde bestand. Am Insheimer Fischweiher werden Groß und Klein zu Petrijüngern.
Sehenswürdigkeiten: historisches Rathaus und Fachwerkhäuser, katholische und evangelische Kirche, Zeppelinsbrunnen am Großen Platz
Feste: Weinkerwe am letzten Wochenende im August
www.insheim.de
Rohrbach. Der Bauern- und Winzerort Rohrbach gehört mit seinen fast 1.800 Einwohnern zur Verbandsgemeinde Herxheim und liegt zwischen Rhein und dem Haardtgebirge im Klingbachtal, umgeben von Weinbergen, Feldern, Wäldern und Wiesen. Das vom Weinbau geprägte Dorf wurde erstmals im Jahre 774 urkundlich erwähnt.
Sehenswürdigkeiten: Dorfmuseum, historischer Ortskern mit Fachwerkhäusern und der spätgotischen Simultankirche St. Martin aus dem 16. Jahrhundert
Feste: Weinfest am zweiten Juniwochenende
www.rohrbach-pfalz.de

VERBANDSGEMEINDE OFFENBACH-QUEICH – WO ADEBAR FERIEN MACHT

Aber nicht nur den Storch als Tourist gibt es in dieser sonnenverwöhnten Region, sondern viele der stolzen Vögel bleiben das ganze Jahr über hier. Die vier alten Bauern- und Winzerdörfer Bornheim, Essingen, Hochstadt und Offenbach liegen nordöstlich von Landau, umringt von Weinbergen, fruchtbarem Ackerland, den Queichtalwiesen und Mischwald. Seit 1972 ist die Gemeinde Offenbach Sitz der Verwaltung der gleichnamigen Verbandsgemeinde. Klar, dass die Region nicht nur die Störche anzieht – auch viele Erholungssuchende schätzen die vier Orte und ihre touristische Infrastruktur. Hier bietet ein 18-Loch-Golfplatz dem anspruchsvollen Golfer alles. Familien besuchen das Queichtalbad oder das Freizeitcenter um Kurzweil und Spaß zu finden. Natürlich erleben auch Wandersleute und Radler hier ein Eldorado. Alle Gemeinden haben Vereine und Verbände, die eine Vielzahl an Festen und Veranstaltungen durchführen. Am besten informiert sich der Gast über den Veranstaltungskalender bei www.offenbach-queich.de.
Bornheim ist gekennzeichnet von Dorferneuerung. Zwar ist es ein Bauerndorf mit langer und wechselvoller Geschichte, seit den 1990ern ist es jedoch mehr und mehr zu einer Wohngemeinde geworden. Dennoch prägen schöne Fachwerkhäuser das Ortsbild. Gut 1.300 Einwohner hat Bornheim mittlerweile. Sehenswert sind die Storchenscheune mit 30 Störchen, das im Jahre 1835 erbaute

Wachthaus, der von Professor Gernot Rumpf geschaffene Saubrunnen mitten im Dorf, der neu errichtete Max-und Moritz-Platz, der Hirtenplatz sowie das neu renovierte protestantische Schulhaus von 1868. Wein: Die Rebfläche beträgt 66 Hektar.

Auch Essingen hat sich seit längerem in seiner Sozialstruktur verändert. Aus dem von Landwirtschaft und Weinbau geprägten Dorf wurde eine attraktive Wohngemeinde. Gewohnt wurde hier schon immer gerne, die ältesten Nachweise menschlicher Siedlungen sind nämlich über 7.000 Jahre alt. Essingen zählt fast 2.000 Einwohner. Sehenswert sind die spätgotische Wendelinuskapelle mit kostbaren Wandmalereien, das Rathaus im Renaissancestil von 1590, die evangelische Kirche St. Sebastian (1788) sowie einer der größten und ältesten Judenfriedhöfe der Pfalz. Wein: Auf 368 Hektar werden Weine angebaut, 17 Weingüter holen aus dem Land allerbeste Qualität heraus.

Hochstadt ist ein langgezogenes Straßendorf am Hainbach und hat mehr als 2.000 Einwohner. Sehenswert sind einige Fachwerkhäuser, teilweise mit schönen Schnitzereien. Wein: Immerhin 324 Hektar Rebland liegen auf Hochstadts Gemarkungen.

Offenbach ist Sitz der Verbandsgemeinde und zählt etwa 12.500 Einwohner. Ab 2008 hat die Stadt ihre Ortsmitte umgestaltet und die dort vorhandene Baustruktur saniert. Vor allem die bäuerlichen Fachwerkhäuser wurden in ihrer Bausubstanz gesichert und neuen Verwendungszwecken zugeführt. Sehenswert sind das alte Rathaus, das Queichtalmuseum mit dem Buchbrunnen und einige liebevoll renovierte Fachwerkhäuser.

VOM TRIFELSLAND NACH MAIKAMMER

EIN KLEINER ABSTECHER INS BIOSPHÄRENRESERVAT PFÄLZER WALD

Bizarre Felsformationen, Burgen und Schlösser und Natur pur warten hier auf den Gast. Hier im Trifelsland ist jede Jahreszeit mit besonderen Reizen ausgestattet: Lichte und luftige Spaziergänge im Frühling, kühle Schatten im heißen und sonnigen Sommer, wogende Wälder mit beeindruckenden Farben im Herbst und stille Besinnlichkeit im Winter. Folgende zwölf lebenslustige Orte in dieser Region laden ein zum Wandern, Radfahren, Sporteln und Genießen:

Annweiler am Trifels ist ein anerkannter Luftkurort – malerisch umgeben von idyllischen Bachtälern, sanft geschwungenen Weinbergen und grünen Wäldern – mit etwa 7.700 Einwohnern. Von hier aus lassen sich ideal Wanderungen durch unberührte Natur und entlang ausgedehnter Streuobstwiesen unternehmen, aber auch für die Fahrradtouristen bietet sich auf den gut beschilderten Radwegen ein wahres Eldorado.

In der traditionsreichen Stauferstadt Annweiler wird die Geschichte aufs Anschaulichste lebendig. Nach Speyer ist sie die zweitälteste Stadt in der Pfalz, bereits 1219 erhob der Stauferkaiser Friedrich II. das Dorf zur freien Reichsstadt. Zwar wurde das Städtchen 1944 bei Bombenangriffen schwer in Mitleidenschaft gezogen, durch behutsamen Wiederaufbau haben die Annweiler Bürger es jedoch verstanden, den mittelalterlichen Charme zu bewahren. Kaum ein aktives Freizeitvergnügen, das in Annweiler mit seinen Ortsbezirken Bindersbach, Gräfenhausen, Queichhambach und Sarnstall nicht geboten wird, etwa Drachenfliegen, Nordic Walking, Klettern, Tennis und Reiten. Die weniger Aktiven erfreuen sich am Kegeln, Minigolf und eben am gemütlichen Spazierengehen. Das alljährlich stattfindende Richard-Löwenherz-Fest lockt Tausende Besucher in die Stadt. Kein Wunder, denn die Ankündigung erfolgt in folgendem melodischen Wortlaut:

Seyd willkommen, ihr Bürger, Edelleute, Ritter und Burgfräuleins dieser Erdenscheyb, in Annowilre am Fuße der Reichsfeste Trifels, in der Richard Löwenherz einst gefangen ward. Kommet herbei und mischt euch unter allerlei gewandetes Volk, sehet, was zu eurer Belustigung der Schultheiß und seine Mannen in den Gassen und Winkeln feil zu bieten haben. Kommet und schmecket Suppen, Spieße und Grillwurst, Wutz und saueres Kraut und so manch andere Speis aus allen Teilen unserer Welt. Dem Durstigen werden die feinsten Köstlichkeiten wie Met, Cidre, Wein, Säfte und Bier dargeboten. Für die modebewusste Burgfrau stehen Schneydersleute bereit, staunet über die schönsten und edelsten Tücher. So reiset an und seyd willkommen in der alten Stauferstadt, auf deren Berghöhe bereits Richard Löwenherz die pfälzische Gastfreundschaft, wenn auch eher unfreiwillig, schätzen durfte.

Die Höhenburg Trifels (= dreifacher Fels, weil sie auf einem dreifach gespaltenen Buntsandsteinfelsen steht) herrscht hoch über Annweiler.
Diese im 11. Jahrhundert erbaute Burg hat eine bewegte und beeindruckende Geschichte

Wasserrad im Stadtkern von Annweiler am Trifels, der zweitältesten Stadt der Pfalz
rechts oben Annweiler – als hier noch gegerbt wurde, sah es nicht so romantisch aus wie heute
rechts unten Annweiler – der Gäßbock lädt ein zu Speis' und Wein

Sehenswert: historischer Stadtkern, Wasserräder an der Queich, Kapelle, katholische Kirche, Museum unterm Trifels mit Gerberstube, Burg Trifels und die Burgruinen Anebos und Scharfenberg
Feste: Markttage am zweiten Juniwochenende, Richard-Löwenherz-Fest am letzten Wochenende im Juli, Burgfest am ersten Wochenende im August, Keschdefeschd am ersten Wochenende im Oktober, Weihnachtsmarkt am ersten Adventswochenende
www.annweiler.de

Albersweiler ruht in einer Senke im Queichtal am Haardtrand und bildet die Pforte zum Wasgau. Sanft ansteigende Berge umsäumen den Ort, dessen rund 2.100 Einwohner auf eine über 1.000-jährige Geschichte zurückblicken können. Albersweiler finden wir 1065 erstmalig urkundlich erwähnt – als *Albrahteswilre.* Reste einer römischen Villa sowie das Fundament einer Kirche aus der Karolingerzeit wurden hier gefunden und bezeugen eine noch frühere Besiedelung. Die Reste des Albersweiler Kanals, der im 17. Jahrhundert als Transportweg für Steine zum Festungsbau in Landau errichtet wurde, durchziehen noch immer den Ortskern. Sehenswert: Rokokoschlösschen zu Kranskirchen, Ausgrabungen in St. Johann, Albersweiler Kanal, Mineralienausstellung. Feste: Weinfest am dritten Sonntag im Juli, Kerwe am ersten Wochenende im September. Wein: 15 Vollerwerbswinzer sowie einige Freizeitwinzer bewirtschaften 76 Hektar Rebfläche.
www.albersweiler.de

Dernbach ist anerkannter Ferienort mit rund 500 Einwohnern und liegt in der Verbandsgemeinde Annweiler. Die Gemarkungsfläche beträgt 386 Hektar, davon sind 241 Hektar Wald. Es gibt zahlreiche Wanderwege, die zu den Burgruinen Neuscharfeneck, Meistersel, Ramburg und zum Orensfelsen führen. Hier befand sich eine frühmittelalterliche Fliehburg, und man hat einen wunderbaren Ausblick über den Pfälzer Wald bis in die Rheinebene. In den Jahren 1979 und 1984 war Dernbach Landessieger beim Wettbewerb *Unser Dorf soll schöner werden*. Sehenswert: evangelische und katholische Kirche, Kirschblüte, Burgruinen Neuscharfeneck, Meistersel und Ramburg. Feste: Kerschehoogekerwe am dritten Sonntag im Juli. www.dernbach-pfalz.de

Eußerthal liegt etwas versteckt – da umgeben von Wiesen, Bergen, Felsen und Wald – in

einem hellen Tal, etwa sieben Kilometer von Annweiler entfernt. Die Gemeinde umfasst eine Gemarkungsfläche von 1.252 Hektar, davon sind 995 Hektar Wald. Rund 1.000 Menschen wohnen hier. Die Klostergründung 1148 ist der Ursprung des Dorfes. Im Zentrum des Dorfes steht die eindrucksvolle Zisterzienserkirche St. Bernhard. Im Inneren der Kirche zeigen Schautafeln die Geschichte des Klosters und der Gemeinde. Eußerthal gilt als idealer Ausgangspunkt für reizvolle Wanderungen zu markanten Aussichtspunkten oder versteckten Hütten im Pfälzerwald. Fest: Schälebrichelkerwe am dritten Sonntag im August.
www.eusserthal.de

Gossersweiler-Stein ist eine Doppelgemeinde mit rund 1.500 Einwohnern und liegt am Rande des Pfälzerwaldes zwischen Reben, Burgen und bunten Sandsteinfelsen. Der Waldanteil der Gemarkung beträgt 63 Prozent. Auch hier bieten Gastronomen, Hoteliers und Zimmervermieter ein breitgefächertes Angebot für Urlauber und Gäste. Fest: Hawwerlichtelkerwe am dritten Sonntag im September
www.gossersweiler-stein.de

Gräfenhausen ist ein Ortsteil von Annweiler mit rund 600 Einwohnern und seit 1189 geschichtlich bestätigt. Seit dem 14. Jahrhundert betrieben die Zisterzienser im Ort Weinbau und waren bekannt für ihren Spätburgunder. Bis zur Auflösung des Klosters 1561 blieb der Ort im Besitz der Zisterzienser. Seit 1979 ist Gräfenhausen Ortsbezirk der Stadt Annweiler.
Feste: Burgunderweinfest am dritten Wochenende im Juni, Wildsaukerwe am zweiten Wochenende im September
www.annweiler-graefenhausen.de

Münchweiler am Klingbach ist ein typisches Wasgaudorf mit etwa 240 Einwohnern. Von hier aus ist der Wild- und Wanderpark Silz schnell zu erreichen. Fest: Goldammerkerwe am dritten Wochenende im Juni

Ramberg ist eine waldreiche Gemeinde und ein staatlich anerkannter Erholungsort mit rund 1.000 Einwohnern. Sie liegt im romantischen Ramberger Tal. Im Ortskern treffen sich drei Bäche, der Dernbach, der Wiesenbach und der Ohlsbach. Das Tal wird im Westen begrenzt vom Hermeskopf, im Norden vom Schloßberg und im Osten vom Roßberg. Sehenswert: Heimat- und Bürstenbindermuseum, Burgruinen Ramburg und Meistersel. Fest: Bürstenbinderkerwe am zweiten Wochenende im Juli
www.ramberg.de

links Erinnert irgendwie an Amsterdam – Kanal mit vielen Brücken in Albersweiler
oben Edenkoben – die Villa Ludwigshöhe, ab 1846 erbaut als Sommerschlösschen für den bayerischen König Ludwig I.

Rinnthal liegt mitten im Pfälzer Wald, romantisch eingebettet zwischen mystischen Sandsteinfelsen und dichten Waldhängen. Im Zentrum des 700-Seelendorfes steht eine Kirche, 1834 im neoklassizistischen Stil erbaut. Ein mächtiges Säulenportal dominiert den Bau. Sehenswert: Getreidemühle und Triftanlage. Feste: Triftfest am letzten Sonntag im Juni, Hädsturrekerwe am zweiten Wochenende im August
www.rinnthal.de

Silz ist ein staatlich anerkannter Erholungsort im Klingbachtal mit etwa 880 Einwohnern. Perfekt auch für Urlaub mit Kindern, denn der Wild- und Wanderparkplatz der Südlichen Weinstraße ist nicht weit. Sehenswert: der Silzer See, Wander- und Wildpark Silz
Fest: Schneckekerwe am ersten Wochenende im August
www.silz.de

Völkersweiler ist eine kleine, schön gelegene Wasgaugemeinde mit zirka 680 Einwohnern. Fest: Holzappelkerwe am Sonntag nach dem 16. Oktober
www.voelkersweiler.de

Waldhambach liegt im schönen Kaiserbachtal und beheimatet etwa 380 Bürger. Ein Jugendzeltplatz belebt manchmal den Ort. Sehenswert: historische Fachwerkhäuser, die Burganlage Madenburg. Fest: Kerwe am zweiten Wochenende im Juli

Kloster Heilsbruck

Seiten 80/81 und links Blick zum Kloster Heilsbruck in Edenkoben. Das Kloster wurde 1262 für die Zisterzienserinnen erbaut, die nach dem Westfälischen Frieden auszogen. Seitdem ist es ein Weingut
rechts Edenkoben – die neugotische katholische Pfarrkirche St. Ludwig (1890)

Waldrohrbach ist eine weitere kleine Wasgaugemeinde die zu besuchen es sich lohnt. Waldrohrbach hat etwa 420 Einwohner. Sehenswert: historische Fachwerkhäuser. Fest: Kerwe am vierten Wochenende im September

Wernersberg mit seinen 1.200 Einwohnern bietet jedem etwas. Ungestört vom Durchgangsverkehr liegt das Dorf in einer herrlichen Landschaft. Vom Runden Hut, von den Geiersteinen und vom Wachtfels (387 Meter hoch) aus, bieten sich grandiose Aussichten über den Pfälzerwald. Zahlreiche markierte Wander-, Rad- und Reitwege warten auf die Gäste. Feste: Kuckuckskerwe am zweiten Wochenende im Mai, Bauernmarkt im September
www.wernersberg.de

DAS LAND UM EDENKOBEN – DIE SCHÖNSTE QUADRATMEILE DES REICHES

Den bayerischen König Ludwig I. zog es bereits Mitte des 19. Jahrhunderts in die Region Edenkoben. Von ihm stammen die Worte »schönste Quadratmeile meines Reiches«. Hier ließ er sich das vierflügelige Schloss Villa Ludwigshöhe errichten, im italienischen Stil, passend zum mediterranen Klima. Einen Park um diese Sommerresidenz herum wollte er nicht anlegen lassen. Um ihn herum gäbe es Park genug, so seine Aussage.

Natur-, Wein- und Kunstfreunde finden hier in gleichem Maße, wonach sie suchen. Und jeder Jahresabschnitt kleidet den Landstrich in spezielle Farben. Den bezaubernd rosafarbenen Mandelblüten im zeitigen Frühjahr folgen die gelben Kätzchen der Esskastanie, und die Obstbäume muten mit ihrer Blütenfülle an wie Blumenbuketts. Dann folgt das satte Grün des Sommers, das im Laufe des Herbstes in eine bunte Farbenvielfalt übergeht. Selbst der Winter, andernorts oft ungemütlich und grau, erfreut hier mit überdurchschnittlich vielen Sonnentagen. Zu jeder Jahreszeit also lässt es sich hier gut sein. Insgesamt 16 Gemeinden gehören der Verbandsgemeinde an. Im Mittelpunkt der Region liegt die Verbandsgemeinde Edenkoben.

Edenkoben. Der staatlich anerkannte Luftkurort bietet rund 6.700 Menschen eine Heimat. Aus welcher Richtung man sich auch dem Winzerort nähert, ob durch das schier endlose Rebenmeer oder herab aus Waldeshöhen, die Silhouette mit den beiden Kirchtürmen ist unverkennbar. Schmucke Winzerhöfe und Kelterhäuser säumen die rebenumrankten Straßen der Verbandsgemeinde. Und diese versteht es zu feiern. Wohl ein Dutzend Feste, Erlebnistage und andere Events finden statt.
Sehenswürdigkeiten: historischer Stadtkern mit Winzerhäusern und Torbögen, die Villa Ludwigshöhe (Slevogt-Galerie!), die Sesselbahn zum Rietberg, das Friedensdenkmal, das ehemalige Zisterzienzerinnen-Kloster Heilsbruck, der Lederstrumpfbrunnen, Kulturzentren Künstlerhaus Bergelmühle, Herrenhaus und Kurpfalzsaal
Feste: Owwergässer Winzerkerwe an Fronleichnam, König Ludwigtag im Juli, Lichterfahrten mit der Riethburgbahn im Juli und August, Erlebnistage am letzten Augustwochenende, Großes Fest der Südlichen Weinstraße am vierten Wochenende im September, Wein und Kastanienmarkt am zweiten Wochenende im Oktober, Nikolausmarkt am ersten und zweiten Advent sowie am sechsten Dezember
www.edenkoben.de

Altdorf. »Willkommen in der Gäugemeinde Altdorf in der Pfalz«. So begrüßt das 750-Seelen-Dorf seine Gäste. Typische Pfälzer wären sie, sagen die Altdorfer und sie besäßen die Kunst, das Leben zu genießen. Idyllisch liegt der Weinort mit einer Weinbaufläche von 140 Hektar in einer sanft auslaufenden Mulde der Oberhaardt, im Norden von Weinbergen umgeben und im Süden vom Grünzug des Naurschutzgebietes Triefenbachtal.
Sehenswürdigkeiten: historische Bauernhäuser
Fest: Weinfest am dritten Wochenende im September
www.altdorf-pfalz.de

Böbingen. Schöne Fahrrad- und Wandertouren werden von Böbingen aus gestartet. Etwa die 30 Kilometer lange Gäutour, die auch weniger geübte Radler in drei Stunden bewältigen. Die idyllisch gelegene Gemeinde hat rund 700 Einwohner und holte sich 2004 die Silbermedaille im Wettbewerb *Unser Dorf soll schöner werden.*
Sehenswürdigkeiten: historische Fachwerkhäuser, evangelische und katholische Kirche, Leopold Reiz Gedenkstein
Fest: Weinkerwe am dritten Wochenende im Juli
www.boebingen-pfalz.de

Burrweiler. Der malerische Wallfahrtsort mit knapp weniger als 1.000 Einwohnern liegt am Rande des Haardtgebirges und am Fuße des Annaberges. In den engen, verträumten Gassen zwischen alten Winzerhäusern und Dorfbrunnen scheint die Zeit stehen geblieben zu sein. Es vereint sich die typische Pfälzer Gemütlichkeit mit der Romantik der Vergangenheit. Allein das Deutsche Ofenmuseum mit der Antik-Ofen-Galerie ist einen Stopp wert. Am Ortsrand steht die Vinothek *Das Weinhaus* mit ganz außergewöhnlicher Architektur. Hier dreht sich alles um den Weingenuss. Neben dem besonderen Ambiente findet sich im Innern eine Krypta für die sensorische Lichtweinprobe. Der Teilnehmer wird bei einem Seminar feststellen, dass ein Wein, verkostet bei Beethoven und roter Lichtstimmung, ziemlich anders schmeckt als bei blau illuminierter Atmosphäre und Technomusik. Die äußeren Reize spielen beim Weintrinken eine erstaunlich wichtige Rolle.

Sehenswürdigkeiten: Rathaus mit Wappen der ehemaligen Dorfherren, Dorfkirche mit Grabmälern aus dem 17. Jahrhundert, das frühere Amtshaus der Grafen von Leyen mit historischem Torbogen, die Wallfahrtskapelle auf dem Annaberg, das historische Ludwigsstift

Feste: Kerwe am ersten Wochenende im Juli, Weinfest am letzten Wochenende im August, Fest des Federweißen am ersten Wochenende im September und der Adventsmarkt am ersten Advent

www.burrweiler.de

Burrweiler – Torbogen eines 1571 entstandenen, 1754 aber neu erbauten Herrschaftssitzes

Edesheim mit rund 2.400 Einwohnern liegt umsäumt von Weinbergen auf dem Wiesengrund des Modenbaches. Zahlreiche Schlösser, Burgen und andere Sehenswürdigkeiten sind in der Umgebung zu entdecken. Die staatlich anerkannte Fremdenverkehrsgemeinde ist daher der ideale Ausgangspunkt für Spaziergänge und Radausflüge.

Sehenswürdigkeiten: historische Gebäude und Hoftore aus Barock und Rokoko, das ehemalige Wasserschloss Edesheim (beherbergt heute ein Hotel-Restaurant)

Feste: Kulturprogramm Schloss Edesheim, Waldfest im Modenbachtal am dritten Wochenende im Juli, Jahrmarkt in den Winzerhöfen am ersten Wochenende im September, Fest des Neuen Weines am letzten Wochenende im September

Weinlagen: Ordensgut, Mandelhang, Rosengarten, Forst und Schloss

www.edesheim.de

Flemlingen bietet dem Gast allerhand: Wander-, Walking- und Radwege, Weinstuben, Wohnmobilstellplätze beim Winzer, Weinproben und Minicarrennen. Der reizvolle Winzerort hat gut 400 Einwohner.

Sehenswürdigkeiten: historischer Ortskern

Fest: Kirchweih am zweiten Wochenende im August

www.flemlingen.de

Freimersheim. Seit dem Jahre 771 n. Chr. hat das Straßendorf mit seinen heute rund 950 Einwohnern denselben Namen. Damals wurde der Ort Freimersheim in einer Schenkungsurkunde des Klosters Lorsch erwähnt.

Sehenswürdigkeiten: historisches Rathaus, Fachwerkhäuser, Torbögen, Wehrturm und die Rosenbepflanzung

Feste: Weinkerwe immer 14 Tage nach Pfingsten, Weinfest am zweiten Wochenende im Juli

www.freimersheim.de

Gleisweiler. Der staatlich anerkannte Erholungsort am Haardtrand bezeichnet sich selbst als »das pfälzische Nizza«, und dies seit über 100 Jahren. Die knapp über 600 Einwohner fühlen sich am Fuße des Teufelsberges wohl, denn sie leben an einem der schönsten Orte der Weinstraße. Die Dorfromantik mit den engen und malerischen Gässchen blieb seit Jahrhunderten unverändert erhalten. Bereits 1844 wurde die erste Kaltwasserheilanstalt Deutschlands erbaut. Die klassizistische Privatklinik ist ein äußerst imposanter Bau.

Sehenswürdigkeiten: Kurpfälzischer Zehnthof mit Museum *Faszination Papier*, Park mit Sonnentempel, der künstlerisch gestaltete Sandsteinbrunnen, die historische Walddusche, die katholische Pfarrkirche St. Stephanus, die evangelische Martin-Bucer-Kirche und der älteste Esskastanienbaum in der Pfalz – mit einem Stammumfang von acht Metern

Fest: Weinkerwe *Wein und Kunst* am ersten Wochenende im August

www.gleisweiler.de

links Edesheim – Park des Wasserschlosses. Die Anfänge der Schlossanlage reichen zurück in die Zeit der fränkischen Landnahme
oben Gassenromantik in Gleisweiler, am Fuß des Teufelsberges gelegen
Flemlingen – aus dem Winzerbrunnen fließt auch nur Wasser

Gommersheim ist eine liebenswerte, familienfreundliche Gemeinde mit rund 1.350 Einwohnern, umgeben von Tabakfeldern und nur sieben Kilometer entfernt vom Holiday-Park und Reiterpark in Haßloch.
Sehenswürdigkeiten: historische Fachwerkhäuser und romantische Ecken im Ort
Feste: Kindelsbrunnenfest am ersten Sonntag im Juli. Kerwe am zweiten Wochenende im Juli, Weihnachtsmarkt am ersten Advent
www.gommersheim.de

Großfischlingen. Stolz ist Großfischlingen auf einen ihrer Söhne, Professor Georg Hollerith, der 1848 in die USA auswanderte und dessen Sohn Hermann als der Gründer der Weltfirma IBM gilt. Er erfand eine Apparatur zum Auswerten von gestanzten Lochkarten. Die Weinbaugemeinde Großfischlingen hat etwas über 600 Einwohner.
Sehenswürdigkeit: Teigwarenfabrik mit Möglichkeit zur Betriebsbesichtigung
Feste: Weinkerwe am letzten Wochenende im August. www.grossfischlingen.de

Hainfeld wird vom Baustil des Barock geprägt. In vielen Hausnischen der idyllischen Fachwerkhäuser stehen barocke Heiligenfiguren und Marienstatuen. Rebenumrankte Toreinfahrten verleihen

Hainfeld – die Madonna auf der Weltkugel
rechts Rhodt unter Rietburg – Winzerhäuser aus dem 16. bis 19. Jahrhundert an der Theresienstraße

dem fast 800-köpfigen Dorf das typische Flair eines Winzerortes. 2003 wurde Hainfeld Landessieger bei *Unser Dorf soll schöner werden.*
Sehenswürdigkeiten: Skulpturenpark an der Mittelmühle, Fachwerkhäuser und Torbögen, historischer Dorfrundgang, katholische St.-Barbara-Kirche
Feste: Weinkerwe am dritten Wochenende im August, Dampfnudelfest im September, Fest des Federweißen am ersten Sonntag im Oktober
Weinlagen: Großlage Ordensgut, drei Einzellagen: Kapelle zirka 160 Hektar, Letten zirka 40 Hektar, Kirchenstück zirka 20 Hektar
www.hainfeld.de

Kleinfischlingen. Rund 300 Bewohner hat das kleine, liebliche Weinbaudörfchen südöstlich des größeren Bruders Großfischlingen. Es stellt Wohnmobilreisenden einen schönen Stellplatz zur Verfügung und bestätigt auch dieser Spezies sehr sympathisch, dass sie ihnen sehr willkommen ist.
Sehenswürdigkeiten: die evangelische Kirche mit dem Kirchturm aus dem 13. Jahrhundert und Fresken, Heilkräuterausstellung mit mediterranem Kräutergarten
Fest: Storchenkerwe am ersten Wochenende im Juli. www.kleinfischlingen.de

Rhodt unter Rietburg. Der weltberühmte Gewürztraminerort an der Oberhaardt erhält seit Jahren so viele Auszeichnungen, dass sie hier nicht einzeln erwähnt sein können. Bundes-, Landes-, und regionale Preise sind darunter. Tatsächlich gehört die Gemeinde mit etwa 1.150 Einwohnern zu den schönsten in der Pfalz. Insbesondere die Theresienstraße mit den gemütlichen Winzerhäusern aus dem 16. bis 19. Jahrhundert ist sehenswert. Die Rosskastanienallee gleicht einer Prachtstraße. Aufgrund der Tatsache, dass Rhodt lange württembergisch bzw. badisch war, blieben ihm die Zerstörungen des Pfälzischen Erbfolgekrieges erspart. Ein naher WoMo-Stellplatz lädt diese fahrende Gruppe ein, das schöne Örtchen in Ruhe zu erkunden.
Sehenswürdigkeiten: ältester Weinberg der Pfalz, Theresienstraße, südländischer Früchtegarten, Ruine Rietburg (zu erreichen mit dem Sessellift), Wildrosenwiese
Feste: Weinfestival am vierten Wochenende im April, Heimat- und Blütenfest an Pfingsten, Fest des Neuen Weins am dritten Wochenende im September, Kerwe im November
www.rhodt.de

Weingut
Gries
WEINGUT
KRIEGER
WEINGUT
KRIEGER
Weinprobe
Weinverkauf

Roschbach. Eine der schönsten Barockkirchen der Pfalz nennt dieser Weinort sein Eigen. 1992 wurde das schöne Dorf zum Bezirkssieger erkoren im Wettbewerb *Unser Dorf soll schöner werden.*

Sehenswürdigkeiten: Barockkirche St. Sebastian, Ortsbrunnen und historischer Pumpbrunnen

Feste: Brunnenfest am Wochenende nach Pfingsten, Weinfest am letzten Wochenende im Juli, Martinikerwe zwischen dem 1. und dem 11. November. www.roschbach.de

oben Gastlichkeit im historischen Ortskern von Weyher
links Rhodt unter Rietburg – Denkmal für die Erfindung des Rhodter Piffs; das ist ein Ein-Liter-Glas voll Wein …
rechts oben Gasthäuser in den verträumten alten Gässchen von Maikammer
rechts unten Alte Weinpresse in Maikammer

Venningen. Die rund 950 Einwohner Venningens bezeichnen ihr traditionsreiches Bauern- und Winzerdorf als die Perle der Pfalz. Die hübsch gerichteten Häuser und Gärten geben ihnen das Recht dazu. 1997 war Venningen Landessieger bei *Unser Dorf soll schöner werden.* Das Weinessiggut Doktorenhof ist überregional bekannt für seine exzellenten Essige. Die edelsten davon werden tröpfchenweise degustiert und lassen eine wahre Geschmacksexplosion erleben.

Sehenswürdigkeiten: Heimatmuseum, historischer Ortskern, gotisches Rathaus, katholische Kirche St. Georg

Feste: Weinfest am dritten Wochenende im Juli, Weinkerwe am ersten Wochenende im September. www.venningen.de

Weyher. Zahlreiche alte Wohnhäuser aus dem 16. bis 19. Jahrhundert geben dem freundlichen Weindorf Weyher sein Gepräge. Unmittelbar am Ortsrand beginnen die Berge der Haardt. Der Pfälzer Wald ist von hier aus direkt zu erwandern. Ein Panoramaweg führt zum Schloss Ludwigshöhe. Rund 600 Menschen leben in Weyher.

Sehenswürdigkeiten: historischer Ortskern mit Rathaus von 1609 und die Barockkirche St. Peter und Paul von 1717, Glocken- und Kattelbasbrunnen, Lourdesgrotte, Aussichtsturm auf dem Blättersberg

Feste: Kerwe am dritten Wochenende im Juni, Weinfest am zweiten Wochenende im September, Ausstellung *Kunst und Wein* am ersten Wochenende im November

www.weyher.de

RUND UM DIE VERBANDSGEMEINDE MAIKAMMER – VERTRÄUMTE WINKEL AM FUSSE DER KALMIT

Den nördlichsten Teil des Landkreises Südliche Weinstraße bildet die Region Maikammer mit den romantischen Winzergemeinden Maikammer, Kirrweiler und St. Martin. Die drei Orte waren offizielle »Ausstellungsstücke« zum Thema Weinbau der Expo 2000 in Hannover. Historische Gässchen, vorwitzige Fachwerk-Erker und südlich anmutende Innenhöfe verzaubern jeden Gast und sorgen für unvergessliche Urlaubstage. Als Erlebnisland sieht sich die Region am Fuße der höchsten Erhebung des Pfälzer Waldes, die Kalmit. Mit ihren 672 Höhenmetern

Seiten 92/93 **St. Martin – schmuckes Dorf mit vielen unter Denkmalschutz stehenden Häusern**
links und rechts **St. Martin – beim Bummeln durch das Dorf locken 31 Gasthäuser zur Einkehr**

stellt sie selbst für ambitionierte Waldgänger eine Herausforderung dar. Weingut reiht sich hier an Weingut, und einige große Namen sind dabei. Den Wanderern, Spaziergängern und Radfahrern bieten Straußenwirtschaften und Weinstuben Schutz vor allzu großem Durst. Auch haben sich »Selbstbedienungsstraußen« etabliert. Hier wird dem Gast voll vertraut, denn er soll nach seinem Weingenuss einfach den Betrag, den er einer aushängenden Preisliste entnehmen kann, in eine Kasse entrichten. Der Winzer und Straußenwirt kann sich derweil um seine Reben kümmern. Befragt danach, ob er schon einmal Zechpreller bemerkt hätte meinte er, diese Spezies gäbe es nicht in der Pfalz. Allein, wenn eine Gruppe von Männern einmal allzu tief in die Dubbegläser geschaut hätte, wäre es schon mal vorgekommen, dass sie am nächsten Tag reumütig den Betrag nachentrichtet hätten.

Maikammer. Wo sonst wenn nicht in Maikammer könnte wohl ein Schoppendenkmal stehen. Auf dem Marktplatz weist es mit den Worten »Pfälzer Schoppen, Maß aller Dinge« sehr selbstbewusst auf den halben Liter hin, der in das orginale Pfälzer Dubbeglas zu passen hat. Immerhin rund 4.200 Bürger leben in diesem staatlich anerkannten Erholungsort, und ganz sicher wohnen hier auch einige Zuwanderer aus Neustadt, denn es sind nur sechs Kilometer bis dorthin.

Sehenswürdigkeiten: Expo-Rundweg, traditionsreiche Winzerhöfe und Gutsherrenhäuser mit teilweise prächtigen Sandsteinfassaden aus dem 16. bis 19. Jahrhundert, Straßen und Plätze mit mediterranem Flair, die barocke Saalkirche St. Kosmas und Damian, Mediterraner Garten

Feste: Die Weinmesse *24-Stunden-Weinmarathon,* Weinfest an Christi Himmelfahrt, Kerwe im Lavendelgarten am dritten Wochenende im Juli, Pfälzer Gartenmarkt im August

Weinanbaufläche: 520 Hektar

www.maikammer.de

Alsterweiler ist ein an Maikammer anschließendes Straßendorf und bereits seit 1828 eingemeindet. Auch hier stehen eine Reihe schöner alter Winzerhäuser und Hofgüter. Sehenswert ist die Alsterweiler Kapelle mit dem spätgotischen Altarbild.

Kirrweiler ist mit einer Rebfläche von 620 Hektar eine der größten Weinbaugemeinden Deutsch-

lands. Der staatlich anerkannte Fremdenverkehrsort hat etwa 2.100 Einwohner und liegt etwa zwei Kilometer östlich von Maikammer. Sehenswürdigkeiten: Expo-Rundweg, Historischer Ortskern mit Resten der Ringmauer, eindrucksvolle Winzerhöfe mit prächtigen Portalen, die katholische Pfarrkirche mit der Mahler-Seuffert-Orgel, das Judenbad, die Dreifaltigkeitskapelle und die Friedhofskapelle. Feste: Weinfest im Juli und September. Weinanbaufläche: 620 Hektar.
www.maikammer.de

St. Martin ist ein staatlich anerkannter Luftkurort mit einem auffallend schönen und malerischen Ortsbild. Viele der Wohnhäuser, Adelssitze und Sakralbauten aus dem 15., 16. und 18. Jahrhundert stehen unter Ensemble-Denkmalschutz. Teilweise sind sie von ganz außergewöhnlicher Architektur. Auch die waldreiche Umgebung der 1.900-Einwohner-Gemeinde lockt zahlreiche Gäste an. Bereits im 7. Jahrhundert wussten die Menschen, dass es sich hier am Fuße der Kalmit gut leben lässt. Sehenswürdigkeiten: Expo-Rundweg, Gebäude mit vielen außergewöhnliche Details (etwa Erker, Torschlusssteine und Heiligennischen), die Krobsburg aus dem 13. Jahrhundert, die Pfarrkirche St. Martin mit dem Bibelgarten. Feste: Weinfest im Juli und Anfang August, um den 11. November herum das traditionelle Martinus-Weinfest, der St. Martiner Weihnachtsmarkt vom 1. bis zum 3. Adventswochenende. Weinanbaufläche: 270 Hektar.
www.maikammer.de

WEINFAHRTEN VON NEUSTADT NACH BAD DÜRKHEIM

NEUSTADT AN DER WEINSTRASSE – DIE HEIMLICHE WEINHAUPTSTADT DEUTSCHLANDS

Neustadt hat im Zweiten Weltkrieg Glück gehabt. Kaum Verluste musste die 56.000-Einwohner-Stadt hinnehmen, und so besitzt die heimliche Weinhauptstadt immer noch den mittelalterlichen Charme mit engen Gässchen und alten Fachwerkhäusern. Ein Spaziergang durch Neustadt offenbart dem Gast liebevoll restaurierte Straßenzüge und Winkel, etwa die Mittelgasse und Hintergasse mit ihren Weinstuben, idyllischen Innenhöfen, kleinen Geschäften und Galerien. Eine Menge kreative und fröhliche Skulpturen und Brunnen zieren die Innenstadt. Der Marktplatz beeindruckt. Die gotische Stiftskirche mit ihren ungleichen Türmen erhebt sich dort, sie ist das Wahrzeichen Neustadts. Bis 1970 lebte noch ein Türmer im Turm, der letzte seiner Art in ganz Deutschland. Am Marktplatz stehen auch das markante Scheffelhaus aus der Renaissance und das mächtige Rathaus, 1729 als Jesuitenkolleg im Barockstil erbaut. Ein weiteres Schmuckstück findet sich ebenfalls am Markt: das Ordenshaus der Weinbruderschaft. Zunächst war es das Gasthaus »zum zartzen Lewen«, dann Gerichtsgebäude, dann wieder ein Gasthaus. Durch den Innenhof mit schönem Fachwerk und Treppenturm gelangt man zum Ordenshaus. Der Wahlspruch der Weinbrüder lautete: »In vite vita – in der Rebe das Leben.« Der Storchenturm dokumentiert, dass sich die Altvorderen in Neustadt durchaus wehrhaft zeigten, denn es gab allerhand Wohlstand zu verteidigen.

Der Gast steht meist schmunzelnd vor dem Elwedritsche-Brunnen. Dieser erinnert an den Pfälzer Nationalvogel, einem Fabelwesen, das einst um Neustadt herum sein Unwesen getrieben haben soll. Kein Elwedritsch (Species utopico bestialis palatinensis) gleicht dem anderen, sie sind halb Vogel, halb Schwein mit menschlichem Touch, und sie gefallen Kindern ganz besonders gut. Viele Bürger in Neustadt sagen, dass es fast so viele menschenähnliche Elwedritsche wie elwedritschenähnliche Menschen gibt. Wer Elwedritsche kennen lernen will, fahre am besten nach Neustadt und befrage hier die Einwohner. Aber jene, die noch pfälzerisch babble.

Der Ortsteil Branchweilerhof liegt östlich von Neustadt. Ein dreigeschossiges Gebäude mit Treppenturm aus dem 16. Jahrhundert und der Chor der Kapelle erinnern an das ehemalige Dorf Branchweiler. Aber nicht nur Historisches findet sich in der größten Stadt an der Deutschen Weinstraße, sondern auch Einkaufsmöglichkeiten. Zum Beispiel in der Hauptstraße, der Friedrichstraße oder der Kellereistraße. Hier bieten Shops aller Art alles Begehrenswerte an, vom Reisesouvenir bis zur Haute Couture.

RESI
RESI

Seite 97 Neustadt an der Weinstraße – Fachwerkhaus der Renaissance: das Scheffelhaus wurde 1580 erbaut
oben Das Rathaus der heimlichen Weinhauptstadt Deutschlands, was Neustadt an der Weinstraße unzweifelhaft ist, wurde 1729 erbaut
unten Neustadt an der Weinstraße – letzte lange Abendschatten auf dem Marktplatz
rechts Blick auf Neustadt an der Weinstraße

Mit über 2.000 Hektar Rebfläche ist Neustadt die größte Weinbaugemeinde in Deutschland. Neustadt liegt etwa in der Mitte der Deutschen Weinstraße und wird als kulturelles Zentrum an der Mittelhaardt betitelt. Hier findet jedes Jahr das Deutsche Weinlesefest mit der Wahl der Deutschen Weinkönigin statt. Auch sonst

ist in Neustadt allerhand los, wie man auch dem Weinfestkalender *Die Pfalz feiert!* entnehmen kann. Dieses Druckwerk ist bei Weinfreunden in ganz Deutschland heiß begehrt und erscheint daher in einer Auflage von einer Million Exemplaren. Es ist schlichtweg das Evangelium der Weinfreunde von nah und fern. Von April bis November gibt es in Neustadt und seinen neun Winzerdörfern fast an jedem Wochenende ein Weinfest mit kulinarischen und künstlerischen Angeboten. Musikveranstaltungen im Hambacher Schloss haben eine riesige Fangemeinde, ebenso das Freilichttheater und die Kunst in der Villa Böhm. Das Hambacher Musikfest lockt mit überregional bekannten Stars, und Theater-, Konzert- und Opernaufführungen im vielseitigen Saalbau sind begehrte Events. Den Bewohnern – und Besuchern – in Neustadt wird niemals langweilig, hier ist immer was los.

DIE WEINDÖRFER RUND UM NEUSTADT AN DER WEINSTRASSE

Neustadt ist von einem Kranz von eingemeindeten Dörfern umgeben. Sie liegen sowohl an den Hängen der Haardt, wie auch im Weinland. Die gepflegten Orte haben meist ihren dörflichen Charakter bewahrt. Sie sollen hier in alphabetischer Reihenfolge kurz vorgestellt werden:
Diedesfeld, drei Kilometer südlich von Neustadt gelegen, hat einiges an historischer Bausubstanz vorzuführen. Typische Winzerhäuser mit prächtigen Torbögen prägen den Ort. Die katholische Barockkirche St. Remigius mit einem bemerkenswerten Altar, das Rathaus von 1601 mit schönen Rundbogenarkaden sowie das Schlössel von 1594, ehemaliger bischöflicher Landsitz mit einem fünfseitig vorspringenden Renaissance-Treppenturm, sind markante Sehenswürdigkeiten. Ambitionierte Wanderer führt der Rundweg durch das Klausental hoch hinauf zur Kalmit.
Feste: Guck- und Schlucktouren jeden zweiten Mittwoch der Monate Mai bis Oktober – mit kulinarischer Besichtigung der Sehenswürdigkeiten, Weinkerwe im vorletzten Augustwochenende und im Mai die Weinmesse – wo die Winzer des Weindorfes ihre besten Weine präsentieren.

Duttweiler ist Neustadts kleinster Ortsteil und wurde bereits 965 in Urkunden des Klosters Weißenburg erwähnt. Freundlich, verträumt, in ein Meer von Reben gebettet, liegt es inmitten des sogenannten Gäu, einer typischen Feld-, Wiesen- und Weinlandschaft. Markant ragt der Turm der katholischen St.-Michaels-Kirche in den Himmel. Er stammt aus dem 13. Jahrhun-

Winzerhäuser in Diedesfeld

dert. 19 Winzerbetriebe setzen eine über tausendjährige Weintradition fort. Von Duttweiler hat man eine gute Aussicht auf das nahe Haardtgebirge und die dort gelegenen Weindörfer. Duttweiler liegt acht Kilometer südlich von Neustadt. Weinlagen: Mandelberg, Kreuzberg und Kalkberg. Feste: Im Juni wird die Weinkerwe und am zweiten Wochenende im August das Weinfest der Freundschaft gefeiert, das zu den ältesten Weinfesten der Pfalz gehört.

Geinsheim liegt zehn Kilometer südöstlich von Neustadt und ist somit am weitesten von der Kernstadt entfernt. Wie zahlreiche Gemeinden in der Pfalz fand das Dorf erste Erwähnung im Jahre 714 im Lorscher Codex. In den Adern der *Goisemer* fließt Wein, so wird gemunkelt, denn das Gäudorf hat die größte Rebfläche aller neun Weindörfer rund um Neustadt. Neben Wein wird auch Tabak angebaut. Sehenswert ist die katholische Kirche St. Peter und Paul mit dem – meist bewohnten – Storchennest. Feste: Mitte Juni das Fest *Spargel & Wein*, denn leckerer Spargel wächst in Geinsheim zur Frühjahrszeit und findet sich auf den Speisekarten der Restaurants. Gourmets genießen ihn in Stangen mit einer hausgemachten Sauce Hollandaise, als Spitzen in einem köstlichen Salat, in einer cremigen Suppe, mit Lachs oder Schinken. Dazu gibt es neue Pälzer Grumbeere und einen Silvaner oder Rivaner, die als typisch pfälzische Spargelweine bekannt und beliebt sind. Ludwigskerwe im August.

Gimmeldingen liegt inmitten wogender Weinhügel drei Kilometer nördlich von Neustadt. Sandsteinmauern, schmale Gassen und rebenumrankte Torbögen der Winzerhöfe gestalten das Ortsbild des staatlich anerkannten Erholungsorts. Wappen an Villen und herrschaftlichen Weingütern sind stumme Zeugen des Wohlstands. Die St.-Laurentius-Kirche und die Überreste der Burg von Gimmeldingen sind sehenswert, und das ganze Jahr über lohnt sich der Weinwanderweg mit dem Weinlehrpfad. Mehr als 1.000 Mandelbäume stehen auf Gimmeldinger Gemarkung und verwandeln das Dorf im Februar und März in ein wahres Mandelblütenmeer. Weinlagen: Die Weinlage Gimmeldinger Meerspinne ist zwar sehr berühmt, herausragend ist jedoch der Mandelgarten, der bereits in einem Zinsbuch des Klosters Weißenburg vor 550 Jahren explizit als eine Lage bester Qualität beschrieben wurde. Der Kapellenberg ist eine erstklassige Lage für Rotweine. Feste: alljährlich Ende Februar / Anfang März das Mandelblütenfest, an Pfingsten der Loblocher Weinzehnt, am vorletzten Augustwochenende die Weinkerwe und am dritten Wochenende im Oktober der Gimmeldinger Herbst.

Haardt ist ein lang gezogenes Straßendorf zwei Kilometer nördlich von Neustadt. Der Ortsname, der vorher bereits als Name des Gebirges bekannt war, erscheint erstmalig 1256. Nicht nur die Pfalzgrafen schätzten Haardt als Wohnsitz, im 18. Jahrhundert lebten dort einige reiche Winzer, deren prachtvolle Anwesen das Ortsbild noch heute prägen. Die Lage am Abhang des Haardtgebirges erlaubt einen spektakulären Blick in die Rheinebene bis zum Dom zu Speyer und trug dem Dorf den Beinamen Balkon der Pfalz ein. Oberhalb des Ortes befindet sich die Ruine der im 11. Jahrhundert erbauten Burg Winzingen. Wie so viele Burgen wurde auch sie im Pfälzischen Erbfolgekrieg weitgehend zerstört, die ovale Ringmauer und ein 24 Meter langer Gewölbekeller blieben jedoch erhalten. Weinlagen: Als beste Lage gilt der Herrenletten, aber auch Herzog und Bürgergarten sind nicht zu verachten. Neben den klassischen Rebsorten werden in Haardt auch die Nischensorten Gewürztraminer, Scheurebe oder Rieslaner gelesen. Der Wein aus der Lage Haardter Sandstein, der seit über 100 Jahren in einem Steinbruch oberhalb des Dorfes angebaut wird, ist von außergewöhnlicher Qualität. Feste: Seit mehr als 50 Jahren wird im Mai an Christi Himmelfahrt das Weinfest auf der Straße mit Schubkarrenrennen gefeiert. Die Woi- und Quetschekuche-Kerwe findet am ersten Septemberwochenende mit Quetschekern-Zielspucken statt (Quetsch = Zwetschge).

Hambach liegt westlich von Neustadt und ist staatlich anerkannter Erholungsort. Das Weindorf liegt umgeben von einem Rebengürtel und Edelkastanienwäldern. Typisch für Hambach sind die alten Winzerhäuser in romantischen engen Gassen und die zahlreichen Brunnen. In Oberhambach befindet sich die Jakobuskirche, eine der bedeutendsten barocken Kirchenbauten der Pfalz. Sie besitzt einen Wehrturm aus dem 12. Jahrhundert. Auf dem Rathausplatz in Mittelhambach stehen die ehemalige Elendherberge, in welcher auch die Jakobspilger betreut wurden, und das 1739–1741 im Barockstil errichtete alte Rathaus.

Das Hambacher Schloss ist als Wiege der deutschen Demokratie in die Geschichtsschreibung eingegangen. Im Jahre 1832 veranstalteten dort 30.000 Liberale und Demokraten vier Tage lang eine Massenkundgebung. Unter der schwarz-rot-goldenen Fahne demonstrierten sie für die Einheit Deutschlands. Hambachs Schicksal ist eng mit dem Hambacher Schloss verbunden. Feste: am 1.

Hambach – eingesäumt von Rebstöcken und Edelkastanienwäldern

Mai und dem darauf folgenden Wochenende das Andergasser Fest, am 3. Wochenende im Juni das Brunnen- und Gässelfest und am letzten Wochenende im Juli die Jakobuskerwe.

Königsbach, ebenfalls ein staatlich anerkannter Erholungsort, liegt sechs Kilometer nördlich von Neustadt und verzaubert mit romantischen Gassen und Winkeln. Des schönen Ausblicks wegen gehört das Weindorf zu der begehrtesten Wohnlage Neustadts. Im alten Dorfkern ist der 1759 erbaute Landsitz des Speyerer Weihbischofs sehenswert und die Pfarrkirche St. Johannes, deren gotischer Turm einen stilistischen Kontrast zum barocken Langhaus darstellt. Weinlagen: Idig, Jesuitengarten, Reiterpfad und Ölberg, bekannt durch ihre großen Riesling- und Spätburgunder-Gewächse. Feste: Weinkerwe im Juni, Fest unter den Linden im Juli.

Lachen-Speyerdorf liegt 7,5 Kilometer südöstlich von Neustadt in der Rheinebene. Nicht immer waren die beiden Dörfer Lachen und Speyerdorf vereint, heute aber stellt die Gemeinde mit mehr als 5.000 Einwohnern das größte der neun Dörfer Neustadts dar. Das ehemals bäuerlich anmutende Lachen-Speyerdorf konnte im Jahr 2000 seine 1.225-Jahrfeier begehen. Nach dem 2. Weltkrieg leisteten die Bürger eine vorbildliche Aufbauarbeit. Neue große Wohn- und Gewerbegebiete wurden erschlossen. Feste: in Speyerdorf am vierten Wochenende im April die Wein- und Froschkerwe rund um den Froschbrunnen, in Lachen am 1. Mai das Hammpeterbrunnenfest und am dritten Augustwochenende die Bauern- und Winzerkerwe.

Mußbach steht umgeben von Reben nördlich von Neustadt. In dessen Zentrum liegt der Herrenhof, ein ehemaliges Johannitergut. Es ist das älteste Weingut der Pfalz. Sehenswert sind das Rathaus mit der offenen Gerichstlaube, der Herrenhof, der Wohnturm der Ritter von Otterbach, die bekannte St.-Johannis-Kirche im hochgotischen Stil, die Scheffelmühle und das Weiße Haus. Weinlagen: Bekannt ist die Mußbacher Eselshaut mit fast 300 Hektar, auf der unterschiedlichste Rebsorten prächtig gedeihen. Direkt hinter dem Herrenhof liegt der kleine Weinberg Johannitergarten. Er gehört zum Johannitergut, einem Staatsweingut. Feste im feierfreudigsten der neun Weindörfer von Neustadt: *Mußbacher Spitzen* im März, wo die Winzer des Dorfes ihre Spitzenweine präsentieren. Am ersten und zweiten Juliwochenende Eselshautfest im historischen Herrenhof, am ersten Augustwochenende die Mußbacher Weinkerwe, in der Vorweihnachtszeit der Brauchtumsmarkt (im Herrenhof) mit aromatischem Gewürzwein.

DEIDESHEIM – DAS ETWAS ANDERE PARADIES

Deidesheim ist ein staatlich anerkannter Luftkurort und gehört wegen seines historischen Ortsbildes, seiner reizvollen Lage am Rande der Mittelhaardt und natürlich wegen seiner herausragenden Weinlagen zu einem der meistbesuchten Orte an der Deutschen Weinstraße. Zentrum der Stadt bildet der Marktplatz mit einigen sehenswerten Gebäuden. Allen voran das Wahrzeichen der Stadt, das barocke Rathaus mit dem würdigen Ratsherrensaal. Dieses Rathaus aus dem 16. Jahrhundert, das nach einer Zerstörung 1689 wieder aufgebaut wurde, beherbergt auch das Weinmuseum.

links und oben Der Herrenhof in Mußbach – das älteste Weingut der Pfalz – hat wohl die bewegteste Geschichte aller Weingüter in Deutschland: im 7. Jahrhundert gegründet als benediktinischer Klosterhof, dann salisches und staufisches Lehen, 1290 vom Ritterorden der Johanniter bzw. Malteser übernommen, 1797 von den Franzosen säkularisiert und an Private verkauft, seit 1970 Staatsweingut

Hier wird die Geschichte des Weinbaus bildhaft dargestellt. Ältestes Exponat ist eine versteinerte Weinrebe – zirka 50 Millionen Jahre alt. Fachwerk- und Patrizierhäuser umsäumen den Markt und bilden mit der Pfarrkirche St. Ulrich und dem Andreasbrunnen ein prächtiges Ensemble. Gegenüber dem Rathaus steht eines der ältesten Gasthäuser Deutschlands, das Gasthaus »zur Kanne«. Wer ein 5-Sterne-Quartier sucht, wird ebenfalls am Deidesheimer Markt fündig. Das Hotel »Deidesheimer Hof« ist ein ehemaliges Gutshaus von 1702, im Neorenaissance-Stil wieder aufgebaut, und wird höchsten Ansprüchen internationaler Gäste gerecht. Ebenfalls mit schönen und interessanten Hausfassaden dekoriert sind die Weinstraße und die Heumarktstraße.
Von der Stadtbefestigung, die wohl einst den ganzen Stadtkern umfriedete, stehen noch ein Stück Mauer und drei Rundtürme. Einer davon, der sogenannte Stadtturm, wird jeweils den Deidesheimer Turmschreibern als Domizil gestellt. Es sind Schriftsteller, die auf Einladung der Stadt einige Zeit in Deidesheim zubringen, dabei über die Stadt und die Region zu schreiben haben und während des Aufenthalts reichlich mit Deputatswein versorgt werden. Der Geißbockbrunnen bei der neuen

oben Deidesheim – der Geißbockbrunnen (geschaffen 1985 von Gernot Rumpf) zeigt die historisch fundierte jährliche Geißbockversteigerung
unten Deidesheim – Rathaus

Stadthalle ist mit seinem Detailreichtum einer der schönsten neu geschaffenen Brunnen an der Weinstraße. Jedes Jahr findet ein Volksfest der besonderen Art statt: die traditionelle Geißbockversteigerung. Deidesheim hat rund 3.700 Einwohner und eine Weinanbaufläche von 520 Hektar.

Zur Verbandsgemeinde gehören auch die nachfolgend vorgestellen Dörfer Forst, Meckenheim, Niederkirchen und Ruppertsberg:

Forst, ein langgezogenes Straßendorf mit rund 700 Einwohnern, besticht durch viele efeu- und rebenbewachsene Fachwerkfassaden und Sandsteinbauten aus dem 18. und 19. Jahrhundert. Viele der charakteristischen Doppeltore und malerischen Innenhöfe zieren die Gebäude. Einige Feigenbäume wachsen im Ort. In der Hauptstraße steht das Alte Schlössel, ein ehemaliger Herrenhof. Napoleon höchstpersönlich soll hier einmal eine Nacht verbracht haben. Weinlagen: Kirchenstück und Ungeheuer, Jesuitengarten und Musenhang gelten als wahrhaftig große Rieslinglagen. Rund 200 Hektar groß ist die Weinbergfläche. Forst ist gesegnet mit einem kaliumreichen Boden, der die Tagwärme für die Nacht speichert. Basaltböden und verwitterter Sandstein sorgen dafür, dass der König der deutschen Weißweine hier zu höchster Qualität kommt. Die Forster Rieslinge stehen an der Spitze in Deutschland. Feste: am dritten Sonntag vor Ostern das Hanselfingerhut-Spiel, bei dem der Winter ausgetrieben wird. Am ersten Wochenende im August das Weinkarussell beim Ungeheuer, eines der idyllischsten Weinfeste der Pfalz, mit vielen tausend Besuchern – gefeiert wird in Höfen und Kellern. Im Frühjahr die *Präsentation der Besten*, bei der die erlesenen Rieslinge aus Forster Gemarkungen vorgestellt werden.

Meckenheim ist eine Weinbaugemeinde im Rheintal mit etwa 2.900 Einwohnern. Hier gedeihen auch Spargel, Obst und Gemüse bestens. Die Bauern und Winzer bieten traditionsgemäß ihre Produkte an Ständen entlang der Hauptstraße feil. Kaum ein Reisender kommt umhin anzuhalten und sich mit den feinen Erzeugnissen einzudecken. Leidenschaftlich herausgeputzte Winzerhöfe und Fachwerkhäuser in den idyllischen Gassen lohnen einen Rundgang. Wein: 204 Hektar groß ist die Weinbergfläche. Das Spektrum der Rebsorten und die Qualität der Weine sind beachtlich. Feste: am letzten Maiwochenende die weithin bekannte Gässelweinkerwe; Kirchweih Anfang September, wenn es in guten Jahren schon den neuen Wein gibt.

Niederkirchen ist eigentlich das ursprüngliche Deidesheim. Es wurde unter dem Namen Didinnes Chaime 699 zum ersten Male urkundlich erwähnt. Später wurde das heutige *Deidesheim* zu Oberdeidesheim und das heutige Niederkirchen zu Niederdeidesheim. Zur besseren Unterscheidung wurde es 1430 zu Niederkirchen. Soweit alles klar? Mit der Pfarrkirche St. Martin steht hier eine der ältesten sakralen Bauten der Pfalz. Die ältesten Teile der gedrungenen Kirche stammen aus dem 11. Jahrhundert, die jüngsten aus dem Jahre 1957. Dieses Baustilgemisch ist einzigartig und schon deshalb sehenswert. In Niederkirchen leben rund 2.000 Menschen. Weinlagen: Klostergarten und Schlossberg. Riesling ist die dominante Rebsorte, aber auch andere Sorten gedeihen auf den 120 Hektar Rebland prächtig. Feste: Fest um den Wein am letzten Juni-Wochenende mit vielen tausend Besuchern, Martinskerwe im November

Ruppertsberg hat eine Gemarkungsgröße von 800 Hektar, davon sind mehr als die Hälfte Weinberge. Schön gerichtete Fachwerk- und Sandsteinhäuser mit Reben umrankten Fassaden säumen die Straßen und Gassen des Ortes. In den Hausgärten der etwa 1.400 Ruppertsberger reifen Feigen und sogar Zitronen. Ruppertsberg ist ein idealer Ausgangspunkt für Wanderungen in den nahen Pfälzer Wald. Weinlagen: Die 420 Hektar Weinbauflächen in Ruppertsberg sind durch die Haardt geschützt und werden vom bekannt milden Klima begünstigt. Die Weinlagen Linsenbusch, Reiterpfad, Nußbien, Hoheburg, Gaisböhl und Spieß bringen Rot- und Weißweine von hervorragender Qualität: rassigen Riesling, gehaltvollen Traminer, süffigen Portugieser und samtig-feurigen Spätburgunder. Feste: Kerwe Ende August / Anfang September, von Vereinen organisierte Feste an fast jedem Wochenende.

Museum für Weinkultur
DEIDESHEIMER
HOF

DEIDESHEIMER HOF

REGION WACHENHEIM – LUST AUF MEHR IM REBENMEER

Die Stadt Wachenheim ist der Sitz der gleichnamigen Verbandsgemeinde, der auch die Winzerdörfer Ellerstadt, Friedelsheim und Gönnheim angehören. Durch die Lage zwischen der Rheinebene und dem Pfälzerwald sind das Städtchen und die Dörfer ein idealer Ausgangspunkt für Wanderungen und Fahrradtouren.

Seiten 108/109 Hier lud Helmut Kohl Könige, Staatspräsidenten, Premierminister und Ministerpräsidenten zum Mahle. Die Geschichte dieses Gasthofes reicht zurück bis 1395
oben Forst – wo die Reben nicht nur in den Weinlagen wachsen, sondern auch an den Sandsteingebäuden
links Meckenheim – öffentliches Weinfass
rechts Forst – Einladung zur Weinprobe im Alten Schlössel

Weinstube Altes Sch
GUTSWEINE
VERKAUF
PROBE
WEINGUT
WERLÉ ERBEN

oben Niederkirchen – die ältesten Teile der katholischen Kirche St. Martin stammen aus dem 11. Jahrhundert
unten Ruppertsberg – moderner Holzfasskeller des Ruppertsberger Winzervereins Hoheburg
rechts Wachenheim – die Wachtenburg wurde wohl im 12. Jahrhundert durch Konrad von Hohenstaufen erbaut und 1689 von den Franzosen zerstört

Zum Beispiel führt der 20 Kilometer lange Römer-Rundwanderweg Wachenheim–Bad Dürkheim–Ungstein an der Villa Rustica vorbei. Die Überreste dieses wohl ums Jahr 20 nach Christus angelegten und im 3. Jahrhundert ausgebauten römischen Landguts, zwischen Wachenheim und Friedelsheim gelegen, zeugen vom Leben in der Pfalz in der antiken Zeit. Die Römer brachten damals die Reben aus ihrer Heimat mit und waren sicherlich erstaunt, wie prächtig der Wein in dieser Region wuchs – allerdings würde der moderne Weingenießer erschaudern, wenn er die von den Römern damals produzierte Qualität kosten müsste. Die Weinlagen, die weit über die Region hinaus bekannt sind, haben melodische Namen: Sie heißen Königswingert oder Schenkenböhl, Schlossgarten, Mandelgarten oder Gerümpel. Die Rebfläche in der Wein- und Ferienregion Wachenheim beträgt insgesamt 1.201 Hektar.

Wachenheim ist ein Wein- und Sektstädtchen, eingebettet in ein grünes Meer von Reben. Die knapp 5.000 Einwohner leben in einer sonnenverwöhnten Gemeinde, die eine Vielzahl an Veranstaltungen und Freizeitmöglichkeiten bietet. Wachenheim hat eine bewegte Vergangenheit, in der

sie öfter heftig leiden musste. So wurde die Stadt von den Franzosen 1689 zerstört, in schlichtem Barockstil wieder aufgebaut und bei einem Luftangriff im Zweiten Weltkrieg zu einem Drittel zerbombt. Dennoch findet der Gast hier viele schmucke Winzerhäuser und lauschige Winkel. Sehenswert sind die gotische Kirche St. Georg von 1360, das Waagenmuseum, die Sektkellerei Schloss Wachenheim mit dem Kellereimuseum, Teile der Stadtmauer. Weinlagen: Großlage Schenkenböhl mit den Einzellagen Königswingert, Fuchsmantel, Mandelgarten, Schlossberg und Odinstal; Großlage Mariengarten mit den Einzellagen Böhlig, Belz, Rechbächel, Goldbächel, Altenburg und Gerümpel; Großlage Schnepfenflug mit den Einzellagen Luginsland und Bischofsgarten – insgesamt 525 Hektar Weinanbaufläche. Feste: Spargelfest, Kräutermarkt, Musikfest, Burg- und Weinfest im Juni, großer Mittelaltermarkt im Juli, die Wachenheimer Serenade, Burgfest auf der Wachtenburg im August und das Adventsmärktchen im Dezember. www.wachenheim.de

Ellerstadt hat etwa 2.200 Einwohner und liegt in der hügellosen Ebene vor der Mittelhaardt. Bekannt ist der Ort durch seinen Pfirsichanbau, der bereits seit 1875 betrieben wird. Hervorragende Rotweine kommen aus Ellerstadt und verschiedene Edelobstsorten. Sehenswert ist die St.-Nikolaus-Kirche aus dem Jahre 1894. Weinlagen: Die Weinbaufläche beträgt 235 Hektar. Die Großlage Feuerberg mit den Einzellagen Sonnenberg und Bubeneck und die Großlage Hofstück mit der Einzellage Kirchenstück. Feste: Kerwe am ersten Wochenende im September, Weihnachtsmarkt in der Georg-Fitz-Straße. www.ellerstadt.de

Friedelsheim, das Winzerdorf mit rund 1.600 Einwohnern, liegt im Qualitätsweinbaugebiet Mittelhaardt. 2002 wurde der Ort Kreissieger bei *Unser Dorf soll schöner werden*. Der Name des Ortes ist wohl der einzige in ganz Deutschland, der auf Pälzisch ohne Vokale gesprochen wird: *Frdlshm*! Gegen Ende des 16. Jahrhunderts stand das stolze Friedelsheimer Schloss unter Pfalzgraf Johann Casimir im Mittelpunkt des europäischen politischen Geschehens. Im Erbfolgekrieg und bei späteren Brandschatzungen durch die Franzosen wurde es leider bis auf einige Fragmente zerstört. Sehenswert sind das Schlossgelände mit erhaltenen Toren aus dem 18. Jahrhundert, die evangelische Kirche St. Maria und die Mennonitenkirche. Feste: Weinfest am Burgweiher an Pfingsten, Weinkerwe am dritten Sonntag im August, Dorfgemeinschaftsabend am Samstag vor dem 1. Advent, Weihnachtsmarkt rund um die evangelische Kirche am 2. Advent. Weinlagen der 303 Hektar Rebland: Großlage Schnepfenflug mit den Einzellagen Schlossgarten, Bischofsgarten und Kreuz sowie die Großlage Hofstück mit den Einzellagen Gerümpel und Rosengarten.
www.friedelsheim.de

Gönnheim. Die stattlichen Winzerhöfe Gönnheims erzeugen einen Wein, der alljährlich Prämierungen einbringt. Aber auch mit Spargel-, Obst- und Gemüseanbau punkten die Landwirte des net-

links Wachenheim – vielversprechender Holzfasskeller in altem Gemäuer des Weingutes Dr. Bürklin-Wolf, das 1597 von Bernhard Bürklin gegründet wurde
rechts Bad Dürkheim – im größten Weinfass (eingeweiht 1935) der Welt hat's Platz für 650 Gäste. Um es mit Wein zu füllen, bräuchte es 1,7 Millionen Liter! Für den Fassbau wurden 200 Tannen von je 40 Meter Höhe gebraucht

Seiten 116/117 Blick von der römischen Ruine in Ungstein auf Bad Dürkheim
oben Der Wurstmarktbrunnen (1988 geschaffen von Walter Graser) symbolisiert Bad Dürkheims »fünfte Jahreszeit«: den Wurstmarkt – die Figuren und Figurengruppen beziehen sich alle auf die Geschichte und Geschichten rund um den Wurstmarkt

ten Ortes, der noch gut erhaltene Winzerhöfe teilweise aus dem 17. Jahrhundert besitzt. Die meisten der nicht ganz 600 Einwohner pendeln heute zum Arbeiten in den Rhein-Neckar-Raum. Sehenswert sind die Pädelscher – Gönnheims grüne Mitte, die Martinskirche mit ihrem hübschen Zwiebelturm. Weinlagen: Die Weinbaufläche beträgt 150 Hektar. Die Großlage Hofstück mit den Einzellagen Sonnenberg, Klosterberg und Mandelgarten sowie die Großlage Feuerberg mit der Einzellage Martinshöhe. Feste: Gönnheimer Weintage am ersten Wochenende im Juli mit der Kutschensternfahrt am Sonntag als Höhepunkt, Kerwe Ende August, zum Herbstausklang der Martinsumzug und die Nachkerwe. www.goennheim.de

BAD DÜRKHEIM – SCHLÜCKCHENWEISE LEBENSFREUDE PUR

Wer glaubt, mit dem größten Weinfest der Welt – dem Dürkheimer Wurstmarkt nämlich – hätte sich der Feiertrieb der *Dergemer* erledigt, irrt gewaltig. Ein Statistiker hat einmal errechnet, dass es an jedem Wochenende des Jahres durchschnittlich vier Weinfeste gibt auf der Gemarkung der Kurstadt. Die in den Stadtteilen Grethen, Hardenburg, Hausen, Leistadt, Seebach und Ungstein sowie jene auf den Weingütern mitgerechnet. Kein Zweifel, die rund 17.000 Bürger der Kreisstadt lassen keine Gelegenheit aus, zu feiern und dabei dem Wein zu frönen. 95 Prozent der Einwohner behaupten übrigens, gerne in der Stadt zu leben. Ganz sicher kommen auch die Hunderttausende von Gästen

oben Ungstein, erstmals erwähnt im Jahr 714, ist seit 1972 ein Ortsteil von Bad Dürkheim
Seiten 120/121 Der Almensee bei Bad Dürkheim ist der einzige See im Gebiet der Deutschen Weinstraße

genau wegen dieser Veranstaltungen, insbesondere die Tagestouristen aus dem nahen Rheintal mit den Industriezentren Ludwigshafen und Mannheim strömen an den Wochenenden in die schöne Winzerstadt. Im Internet verweist der Veranstaltungskalender auf 854 (!) einzelne Veranstaltungen pro Jahr. Wer dem Großstadttrubel entfliehen will, um auf die Schnelle Erholung und Entspannung zu finden, ist hier also goldrichtig – das gilt auch für diejenigen, die etwas für die Gesundheit tun wollen, denn das Kurzentrum in Bad Dürkheim bietet hier in modernen Einrichtungen viel für Körper, Geist und Seele. Bereits seit1847 wird die Sole zu Kurzwecken genutzt.

Mit 1.200 Hektar Rebland gehört Bad Dürkheim zu den größten Weinanbaugemeinden Deutschlands. Viele Dutzend Winzer und drei Weingenossenschaften generieren aus den Großlagen Feuerberg, Hochmeß, Honigsäckel, Kobnert und Schenkenböhl erlesene Weine, vom Schoppenwein bis zum edlen Spitzengewächs. Dabei entstehen auch Sekte, besser Winzersekte, die noch nach traditioneller Art in der Flasche gären und liebevoll von Hand gerüttelt werden. Auch wird von den Dürkheimer Kellermeistern der Barrique-Wein geadelt, denn das Pfälzer Barrique-Forum hat hier seinen Ursprung. Doch nicht allein der Wein bestimmt das Programm, auch Edelbrände und wertvolles Traubenkernöl wird der Genießer zu schätzen wissen, und die Zuckermäuler erfreuen sich an

Weingelee, Rotweinkuchen und Feigenlikör. Apropos Genießer: Auch die Gourmets kommen in Bad Dürkheim voll auf ihre Kosten. Eine große Zahl ambitionierter Restaurants und Weinstuben bieten alles, von der konservativen Pfälzer Küche bis hin zu experimenteller Kochkunst. Frische Zutaten wachsen in der Region, vom Spargel im Frühjahr bis zu den Esskastanien im Herbst. Sehenswertes gibt es eine Menge in der Stadt: Mit dem figurenreichen Wurstmarktbrunnen auf dem Bahnhofsvorplatz kann sich ein Betrachter lange beschäftigen. Er wird immer wieder Freude haben an den vielen Details dieses Werks von Walter Graser.

Die Altstadt von Bad Dürkheim besitzt so manches schöne Winzerhaus, teilweise noch aus dem 16. Jahrhundert. Die evangelische Kirche St. Johannes ist als ehemalige Schlosskirche das älteste sakrale Bauwerk der Stadt. Ihr Ursprung liegt um 1300 herum. Viele Bauteile sind allerdings im Laufe der Jahrhunderte in unterschiedlichen Stilen ersetzt worden. Die katholische Pfarrkirche St. Ludwig besticht durch einen imposanten klassizistischen Säulenportikus. Der gepflegte, geometrisch angelegte Kurgarten vor dem Kurhaus lädt ein zum Flanieren. Im Norden der Stadt steht der Vigilientempel, ein Weinberghaus im klassizistischen Baustil. Ein wahrer Publikumsmagnet ist natürlich das

bekannte Riesenfass nordwestlich des Gradierwerks. Es ist mittlerweile das Wahrzeichen der Stadt. Im Jahre 1934 kam der Weingutbesitzer und Küfermeister Fritz Keller auf die Idee, dem Pfälzer Wein ein Denkmal zu setzen und baute daraufhin das größte Weinfass der Welt. Eingeweiht wurde das markante Bauwerk bereits ein Jahr später, 1935. Im selben Jahr wurde bekanntlich auch die Deutsche Weinstraße aus der Taufe gehoben. Das Dürkheimer Riesenweinfass fasst 1,7 Millionen Liter. Mit Wein allerdings war es noch niemals gefüllt, es beherbergt von Beginn an ein rustikales Restaurant und eine Weinstube. Es passen immerhin 650 Personen hinein.

Feste werden rund ums Jahr gefeiert. Allen voran steht hier natürlich der Wurstmarkt. Er hat eine über 500 Jahre lange Tradition, und mehr als 500.000 Besucher fallen jedes Jahr am zweiten und dritten Septemberwochenende über die Fahrgeschäfte, Weinstände und Schubkarchstände auf dem Wurstmarktplatz her. Nicht nur die echten Dergemer fiebern jedes Jahr diesem Riesenevent entgegen. Wer sich nach dieser tagelangen Feierei wieder etwas erholen möchte, dem wird auf der Traubenkur, die jedes Jahr Ende September stattfindet, viel zur Regenerierung geboten. Auf der Pfälzer Wein- und Sektmesse wird Weinfreunden aus nah und fern Edles aus Fass und Flasche zum Probieren gereicht, immer im März und immer in der großen Salierhalle. An Himmelfahrt wird in Dürkheim das Stadtfest gefeiert, im Sommer dann der Limburg-Sommer im historischen Gemäuer der Klosterruine Limburg, bei dem auch die Kultur nicht zu kurz kommt. Am letzten Augustsonntag, beim Erlebnistag Deutsche Weinstraße, ist die gesamte Weinstraße bekanntlich den Radlern vorbehalten. Hier ist Bad Dürkheim immer ein attraktiver Anlaufpunkt.

links Ungstein – römisches Weingut Weilberg aus dem 3. Jahrhundert
oben Szene auf dem Wurstmarktbrunnen

Hier noch ein paar Worte zu den Stadtteilen Bad Dürkheims: Grethen, mehr als 1.200 Jahre alt, war einst ein Geschenk Kaiser Konrads. Eine stattliche Kirche steht prominent in der Ortsmitte. Im April/Mai findet die Grethener Kerwe statt. Hardenburg wird überragt von der Ruine Hardenburg, die mit einer Grundfläche von 180 mal 90 Meter die größte Burg in der Pfalz ist. Sie stammt ursprünglich aus dem Jahre 1214, wurde jedoch 1794 von den Franzosen zerstört. Doch auch die Reste des mächtigen Bauwerks sind sehenswert. Die Kerwe Hardenburg ist im Juni.
Hausen verdankt seine Existenz dem Kloster unterhalb der Kirchenruine Limburg. Im Dreißigjährigen Krieg wurde das Dorf vollständig zerstört und erst langsam wieder besiedelt. Sehenswert sind neben der Klosterruine Limburg die neugotische Kirche von 1898, die katholische Kirche und die Herzogsmühle, beide aus dem 18. Jahrhundert. Leistadt, 1214 Luzelstat genannt, besitzt mit dem barocken Rathaus von 1750 ein besonderes Schmuckstück. Von hier aus starten schöne Wanderwege und ein Weinlehrpfad. Seebach liegt südlich von Dürkheim und war ehemals ein Klostergut der Benediktinerinnen. Auch diese Anlage wurde in den Jahrhunderten mehrfach zerstört, wieder aufgebaut und erneut geschleift. Heute stehen noch der Chor und die Vierung und dienen als Kirche. Dennoch ein sehenswertes Ensemble. Im Juli wird die Kerwe Seebach gefeiert. Ungstein ist ein Edelweinort und wurde im Jahre 714 zum ersten Male urkundlich erwähnt als *Unchesstagni*. Hier wurden einige Zeugnisse der Römerzeit entdeckt. Die römische Tretkelteranlage und die Reste eines römischen Herrenhauses stehen zur Besichtigung bereit. Der Ungsteiner Weinsommer findet im Juli statt und die Kerwe im August.

VON FREINSHEIM INS LEININGERLAND

URLAUBSREGION FREINSHEIM – GESCHICHTE, WEIN UND OBST IM ÜBERFLUSS

Bereits in der Steinzeit siedelten nachweislich Menschen um das heutige Freinsheim herum. In der Eisenzeit, 450 v. Chr. bis zur Zeitenwende, ließen sich die Kelten nieder, danach kamen bekanntlich die Römer und prägten über Jahrhunderte die Geschicke der Region. Aus diesen beiden Völkern und Kulturen gingen die Kelto-Romanen hervor. Schon die alten Römer fühlten sich also in der Pfalz heimisch, denn im Gegensatz zu anderen Teilen Germaniens erinnerte sie das mediterrane Klima dieses Landstrichs an ihre südliche Heimat. Der Wein, den sie von dort mitbrachten, gedieh auch hier – und das sicherlich besser, als sie es sich hätten träumen lassen, auch wenn der mit Wasser verdünnte Rote, mit dem die Legionäre ihren Durst stillten, heute selbst anspruchslose Weintrinker enttäuschen würde. Den Römern verdanken die Pfälzer auch die Esskastanien. Ursprünglich wurden sie gesetzt, um Pfähle für den Weinbau zu erhalten. Die Merowinger übernahmen ab dem 5. Jahrhundert bis ins 8. hinein die Macht. Danach kamen etwa 100 Jahre die Karolinger mit ihrem prominentesten Regenten und ersten Kaiser des Heiligen Römischen Reiches deutscher

Nation, Karl der Große. In dieser Zeit werden Freisheim und die Gemeinden drum herum zum ersten Male urkundlich erwähnt. Auf Karolinger folgten Konradiner und Ottonen, bis schließlich die Salier die Kaiser stellten. 1027 erfolgte die Grundsteinlegung des Speyerer Doms durch Konrad II. Danach kamen die Stauffer mit Friedrich Barbarossa und Heinrich VI. Im Jahre 1329 wurden Bayern und die Pfalz getrennt. Die Zeit der Pfälzer Kurfürsten begann und damit auch heftige Fehden, z. B. der Bayerische Erbfolgekrieg von 1503 bis 1505. Die Gegend durchlebte aufregende Zeiten. Die Pest raffte ganze Dörfer dahin. Bauernaufstände während der Reformation und der Dreißigjährige Krieg setzten ebenfalls den Menschen und den Dörfern arg zu. Der Pfälzische Erbfolgekrieg (1688–1697) wütete am schlimmsten. In diesem Krieg wurde auch das mittelalterliche Freinsheim in Schutt und Asche gelegt. Soweit zur Geschichte.

links Freinsheim – von Herxheim am Berg aus gesehen
oben Freinsheim – Impressionen in der Altstadt, die von einer 1,3 Kilometer langen Stadtmauer aus dem 15. Jahrhungert geschützt ist

In der Urlaubsregion Freinsheim werden von mehr als 100 Weinbaubetrieben zirka 2.000 Hektar Rebflächen bestellt. Viele Winzer vermarkten ihre Weine – deren Spektrum vom süffigen Schoppen bis zur Spitzenqualität reicht – selbst, und sie begrüßen ihre Kunden gerne im eigenen Weinkeller. Doch nicht nur der Wein kann in dieser Region in vielen verschiedenen Variationen genossen werden. Auch Kern-, Stein- und Beerenobst wird in bester Qualität geerntet. Der in den leichten Böden besonders gut wachsende Spargel und die berühmten Pfälzer Kartoffeln werden ebenfalls angebaut. Es ist also was dran an der Aussage des in Freinsheim geborenen Schriftstellers Hermann Sinsheimer, als er seinen Heimatort beschrieb: »Freinsheim fließt über von Geschichte, Wein und Obst.« Derzeit leben zirka 15.500 Bürgerinnen und Bürger in der Verbandsgemeinde, der die acht Orte Freinsheim, Bobenheim am Berg, Dackenheim, Erpolzheim, Herxheim am Berg, Kallstadt, Weisenheim am Berg und Weisenheim am Sand angehören. www.freinsheim.de

Freinsheim ist eines der wenigen Pfälzer Städtchen, das noch von einer mittelalterlichen Stadtbefestigung mit Türmen und Toren umfriedet ist. Das Stadtbild ist geprägt von stattlichen Bürger-

Blick auf Dackenheim (die Farben sind von der Natur und nicht durch Filter erzeugt)

häusern und ansehnlichen Adelshöfen. Aus diesem Grund besitzt die 4.200-Einwohner-Stadt viel Sehenswertes, etwa den Casinoturm und das Eisentor, ein markanter Bau aus dem Jahre 1514 mit zwei mächtigen Türmen und einen Torbogen dazwischen, die evangelische Kirche auf dem Markt mit einem weithin sichtbaren Glockenturm, der Haintor-Turm, ein 15 Meter hohes, trutziges Bauwerk. Interessant ist der Herzogturm, ein mächtiger Mauerturm, der einst ein Verlies war. Heute sind darin zwei Hotelzimmer auf vier Ebenen integriert, für Gäste, die gerne einmal in einem mittelalterlichen Kerker übernachten möchten. Schließlich das historische Rathaus von 1750, deren imposante Freitreppe unter einer Balustrade in den historischen Ratssaal hochführt, die 1772 im Zopfstil errichtete katholische Kirche St. Peter und Paul, das geschichtsträchtige Retzerhaus aus dem 18. Jahrhundert und dann natürlich die 1,3 Kilometer lange, gut erhaltene Stadtmauer, die ursprünglich bis zu acht Meter hoch war. Wie überall in der Pfalz werden in Freinsheim einige Feste gefeiert: Der Freinsheimer Mittelaltermarkt am letzten Wochenende im August. Kammerkonzerte verwöhnen den Musikliebhaber, und Theateraufführungen sowie kulinarische Weinwanderungen werden angeboten. Berühmt ist Freinsheim für seinen Weihnachtsmarkt, der den ganzen Dezember bis kurz vor Weihnachten stattfindet. www.stadt-freinsheim.de

Bobenheim liegt am Rande des Pfälzerwaldes. Die angrenzenden flachen Weinfelder reichen bis weit in die Rheinebene hinein. Am zweiten Augustwochenende wird alljährlich die Dorfkerwe gefeiert, am ersten Adventswochenende findet der Bobenheimer Belzenickelmarkt statt. www.bobenheim.de.

Rebenlandschaft um Herxheim am Berg

Dackenheim hat rund 350 Einwohner. Die katholische Kirche gilt als eines der schönsten Denkmäler, das von der Kunst der mittelalterlichen Wormser Bauhütte zeugt. In der Weinlage Dackenheimer Liebesbrunnen, wo heute Riesling und Silvaner gedeihen, wird eine Besiedlung bereits zur Hallstattzeit (1200–800 v. Chr.) nachgewiesen. In Dackenheim steht der Liebesbrunnen. Jedes Jahr feiern die Dackenheimer mit ihren Gästen am letzten Wochenende im Juli das Liebesbrunnenfest.
Erpolzheim ist bekannt für ausgezeichnete Rotweine, aber auch für seinen Spargel. Der sandige Boden der Gemarkung lässt dieses beliebte Gemüse in hervorragender Qualität sprießen. Sehenswert ist die evangelische Kirche. Ende August feiern die etwa 1.200 Erpolzheimer ihre Weinkerwe. Gäste sind natürlich hochwillkommen.
Herxheim am Berg hat fast 800 Einwohner und liegt im weiten Rebengelände auf einem Vorhügel des vorderen Haardtgebirges. In Herxheim finden sich noch Reste der mittelalterlichen Schutzmauer. Sie fügt sich als Teil in den historischen Pfaffenhof ein. Die St.-Jakob-Kirche hat ihren Ursprung bereits im 8. Jahrhundert. Das Herxheimer Wein- und Sektsymposium Kurpfalzblick wird im Sommer begangen, und tatsächlich ist der Ausblick vom Schlossgarten hinter der Kirche in die Rheinebene bis zum Taunus, Odenwald und Schwarzwald spektakulär.
Kallstadt ist ein typischer Weinort und liegt in den Vorhöhen des Haardtgebirges. In der anerkannten Fremdenverkehrsgemeinde leben rund 1.200 Einwohner. Ortsmittelpunkt ist die St.-Salvator-Kirche (1772) mit ihrem 36 Meter hohen Turm, dem gotischen Sockel und der barocken Schieferhaube. Der historische Brunnen wird vom Kallstadter Löwen bewacht. Besonders sehenswert sind

Kallstadt – Fest der 100 Weine, Spitze des 36 Meter hohen Kirchturms (1772)
rechts Grünstadt – drei Kirchen: Die evangelische Martinskirche (Turm von 1618) dominiert das Stadtbild, die evangelische Friedenskirche (kleiner Turm) entstand 1739, der weiße Turm der katholischen Peterskirche 1935

die zahlreichen Fachwerkhäuser und Winzerhöfe sowie die Weinarkaden am Saumagenplatz. Die Weinlage Kallstadter Saumagen ist nicht nur wegen ihres beziehungsvollen Namens berühmt, sondern insbesondere wegen ihrer Spitzengewächse. Der Kreidkeller heißt so wegen seines kalkhaltigen Bodens, der Annaberg ist nach einer Winzerfrau benannt und die Lage Kronenberg nach den gleichnamigen Rittern. Der Kallstadter Steinacker ist bereits seit über 700 Jahren bekannt – und die größte Lage in Kallstadt, der Kobnert, bereits seit 800 Jahren. Wenn das keine Weintradition darstellt! In Kallstadt wachsen auf 270 Hektar Rebfläche hervorragende Weine. Die Saumagenkerwe findet am ersten Septemberwochenende statt, das Fest der 100 Weine Anfang Mai. www.kallstadt.de

Weisenheim am Berg ist ein traditionelles Weindorf mit rund 1.900 Einwohnern und einer Weinanbaufläche von 260 Hektar. Dank der Lage abseits der Hauptverkehrswege eignet sich der Ort gut zum Ausspannen. Sehenswert und prägend für das Ortsbild sind die beiden Kirchen. Stattliche Winzerhöfe liegen rund um den Marktplatz. Die ehemalige Synagoge (1832–1909) wurde im spätbarocken Stil errichtet. Das große Dorffest im Mai und im August die Weisenheimer Dorfkerwe haben natürlich als Thema stets gutes Essen und guten Wein. www.weisenheim.de.

Weisenheim am Sand ist mit zirka 4.750 Einwohnern der zweitgrößte Ort in der Urlaubsregion Freinsheim. Seit dem achten Jahrhundert wird hier nachweislich Wein angebaut. Geerntet werden aber auch alle Sorten von Kern-, Stein- und Beerenobst und butterzarter Spargel. Zu Weisenheim am Sand gehören mehr als 360 Hektar Rebfläche, auf der hauptsächlich edle Rieslinge reifen. Ein besonderes Highlight ist der Fastnachtsumzug *Rieslingwurm*, der Tausende von Närrinnen und Narren nach Weisenheim am Sand lockt. Am zweiten Wochenende im August wird in Weisenheim